Cornelia Schmalz-Jacobsen
Zwei Bäume in Jerusalem

Publikationen der Gedenkstätte Stille Helden, Band 1

Die Autorin

Cornelia Schmalz-Jacobsen, in Berlin geboren, Journalistin und Politikerin, langjähriges Mitglied der FDP, hatte viele Ämter und Mandate inne, unter anderem war sie Stadträtin in München, Berliner Senatorin, Mitglied des Deutschen Bundestages und Beauftragte der Bundesregierung für Ausländerfragen. Sie lebt als freie Autorin in Berlin und engagiert sich ehrenamtlich in internationalen humanitären Organisationen.

Cornelia Schmalz-Jacobsen

Zwei Bäume in Jerusalem

METROPOL

Gefördert durch:

Der Beauftragte der Bundesregierung
für Kultur und Medien

aufgrund eines Beschlusses
des Deutschen Bundestages

Umschlagbild:
Eberhard Helmrichs Johannisbrotbaum
und Donata Helmrichs Ölbaum in Yad Yashem, Mai 2001
Eberhard Helmrich, November 1948 und Donata Helmrich, ca. 1946

Wenn nicht anders angegeben,
stammen die Fotos in diesem Buch aus Privatbesitz.

ISBN: 978-3-86331-144-5

Überarbeitete Neuauflage 2013

Ansbacher Str. 70 · D–10777 Berlin

Druck: Arta-Druck, Berlin

Für meine Söhne
Kai, Jan und Tilo

Vorwort zur Neuauflage

Als dieses Buch im Herbst 2002 erstmals erschien, war es eines der ersten, das die Rettung von Juden in der Zeit des Nationalsozialismus aus der Perspektive von Rettern schilderte. Es geht dabei um eine ganz normale Berliner Durchschnittsfamilie, nichts Spektakuläres, kein Heldentum in Sicht. Eine dramatische Entscheidung sollte dann alles ändern.

Auf meinen Lesereisen quer durch Deutschland bin ich damals ganz unterschiedlichen Zuhörern begegnet. Solchen mit ähnlichen Erfahrungen, wie ich sie beschrieben habe, sei es als Nachkommen aus Retter-Familien, sei es als Nachkommen von Geretteten. Zunehmend fiel mir aber auf, wie wenig Diskussionen es gab. Eine gewisse Beklommenheit war eigentlich immer zu spüren. Viele mögen sich insgeheim gefragt haben: „Wie hätte ich gehandelt?"

Die Tatsache, dass es Bürgerinnen und Bürger gab, die trotz Diktatur und Terror eine Wahl für sich getroffen hatten, weder Täter noch Zuschauer – beziehungsweise „Wegschauer" – zu sein, sondern Handelnde im Sinne von Anstand und selbstverständlicher Moral, war jahrzehntelang für die meisten Deutschen unerträglich.

Nun sind die elf Jahre, die zwischen der ersten Ausgabe dieses Buches und seinem Neuerscheinen liegen, keine sehr lange Zeit. Aber gerade in diesen letzten Jahren hat eine grundlegende Änderung der Betrachtung stattgefunden. Der Aspekt von Hilfe und Rettung galt bis etwa Anfang dieses Jahrhunderts in Deutschland nur als Fußnote des Holocaust. Ganz anders in Israel, wo die Retter seit 1963 in Yad Vashem, der Gedenkstätte in Jerusalem, als „Gerechte unter den Völkern" geehrt werden. Wir müssen zur Kenntnis nehmen, dass es diese „Gerechten" auch in Deutschland gegeben hat, wenn auch vergleichsweise nur in Spurenelementen. Zu jedem Namen eines Retters, einer Retterin, gehören die Namen von Menschen, die ohne sie die Shoah nicht überlebt hätten. Die deswegen nicht ermordet wurden, weil diese Wenigen es haben darauf ankommen lassen, dass sie selbst ermordet werden konnten.

Anlässlich einer Veranstaltung im Jahr 2001 sagte der damalige Bundespräsident Johannes Rau: „Wenn junge Menschen sich in der Schule mit der jüngeren deutschen Geschichte auseinandersetzen, dann sollen sie auch erfahren, dass es nicht nur Täter, Mitläufer und Zuschauer gegeben hat, sondern auch Retter und Helfer. Auch das gehört zur Wirklichkeit des Dritten Reiches." Das war ein neuer Ton.

Es dauerte dann noch bis zum Oktober 2008, bis endlich eine, wenn auch kleine, Gedenkstätte für diese „Stillen Helden", wie sie nun hießen, in Berlin eröffnet wurde. Dreiundsechzig Jahre nach der Befreiung vom Naziregime.

In der letzten Dekade sind die Vorbehalte gegenüber dieser Seite der Nazizeit mehr und mehr geschwunden. Die zeitliche Distanz ist gewachsen, eine neue, unbelastete Generation begegnet uns, man kann beinahe von einer gewissen Lockerheit sprechen. Es gibt Bücher zum Thema, wissenschaftliche Recherchen, Dissertationen, Abschlussarbeiten von Schülern über „gute Deutsche". Viele Institutionen nehmen das Thema in Veranstaltungen auf und untermauern, dass selbst in Zeiten der Naziherrschaft eine eigene Wahl möglich war und auch getroffen wurde. Freilich eine gefährliche Wahl. Das Interesse und die Sensibilität sind gewachsen, und die Entdeckungen werden weitergehen.

Was hat sich für mich selbst verändert? Ich bin nicht nur während der Recherchen zu meinem Buch Geretteten begegnet, sondern auf Lesereisen auch nach dessen Erscheinen. Ich habe Menschen kennengelernt, von denen ich vorher nichts gewusst hatte, die mir von ihrer Rettung oder der Rettung ihrer Verwandten durch meinen Vater oder durch meine Mutter erzählten. Eine junge Frau kam mit ihrer Tochter in Chicago auf mich zu und sagte einfach. „Uns gäbe es nicht ohne Ihren Vater – danke!" Bei so einer Aussage bleibt einem buchstäblich der Atem weg. Die Mutter der jungen Frau gehörte zu den Überlebenden aus dem damals polnischen Drohobycz, wo mein Vater auf Befehl der Nazis lebte und arbeitete.

Ich habe zu diesen Menschen eine besondere Beziehung, die ich schwer in Worte fassen kann. Es ist eine tiefe Verbundenheit, die man

Außenstehenden kaum erklären kann. Viele der Zeitzeugen, die ich noch getroffen hatte, leben inzwischen nicht mehr. Aber ihre Familien, ihre Nachkommen sind da – in den USA, in Israel, oder wo auch immer das Leben sie hingeführt hat.

Ich nenne sie bei mir „meine jüdischen Verwandten".

Berlin, im September 2013
Cornelia Schmalz-Jacobsen

1

Ein Mann reicht mir den kleinen, grünen Setzling über den Rand des Beetes, in dem ich stehe. Vorsichtig löse ich die Plastikumhüllung vom Erdballen, lege ihn behutsam in die vorbereitete Erde und klopfe sie fest. Auf dem schmalen Streifen Land stehen schon andere Bäumchen mit jeweils einer kleinen Namenstafel auf dem Boden davor. Jemand gibt mir einen Eimer mit Wasser zum Angießen, mit dem zweiten Eimer begießt Tilo, mein fünfzehnjähriger Sohn, den winzig kleinen Olivenbaum, der vorerst nicht mehr ist als ein dünner Zweig. Ich wünsche mir in diesem Augenblick nichts so sehr, wie dass er wachsen und gedeihen möge, dass er eines Tages Schatten spenden und Früchte tragen werde. Mit meinen Gedanken bin ich bei der Frau, an die dieser Baum erinnern soll – bei meiner Mutter Donata. Ihr zu Ehren haben sich die vielen Menschen – es mögen an die vierzig sein – heute an diesem Ort versammelt. Ich nehme sie zwar wahr, aber ihre Gesichter sehe ich nicht in diesem Moment. Alles verschwimmt, der Flug nach Tel Aviv, die strengen Kontrollen, die Fahrt hierher. Ich bin durcheinander, und es ist sehr heiß an diesem Apriltag des Jahres 1987. Am liebsten würde ich meine dunkle Jacke ausziehen.

Yad Vashem heißt dieser Ort, am Rande Jerusalems gelegen. Von dem Hügel aus, auf dem wir stehen, blickt man weit über die Berge von Judäa, in eine biblische Landschaft. Es ist friedlich und still in der Anlage, obwohl am Eingang viele junge Leute, etliche Mädchen und Jungen in der Uniform der israelischen Armee, laut schwatzen und lachen. Der Name „Yad Vashem" kommt aus der Bibel, und aus dem Hebräischen übersetzt bedeutet er „Denkmal". Dies ist die israelische Gedenkstätte für die ermordeten Juden, die das israelische Parlament im Jahr 1953 durch ein Gesetz ins Leben gerufen hat. Im Mai 1963 wurde dann die „Allee der Gerechten" eingeweiht, wo nichtjüdischen Rettern von verfolgten Juden der Ehrentitel eines „Gerechten unter den Völkern" verliehen wird. Die „Allee" ist eigentlich eher ein Hain, in dem dicht an dicht drei verschiedene Arten von Bäumen wachsen, die typisch für diese Gegend sind: Johannisbrotbäume, Olivenbäume und Jerusalempinien. Hier wurden für diejenigen, von denen bekannt geworden war, dass sie während des Holocaust Juden das Leben gerettet hatten, bis vor wenigen Jahren – bis es keinen Platz mehr gab – Bäume gepflanzt, fast zweitausend. Die erst später benannten Retter wurden und werden bis zum heutigen Tag mit einer Namenstafel auf einer der Gedenkmauern geehrt, die in der Nähe des Hains errichtet wurden. Bis zum Beginn des Jahres 2013 erhielten 525 deutsche Retter diese Auszeichnung; auch im Holocaust Museum in Washington sind ihre Namen auf einer großen Tafel zu lesen.

Die Namen auf den Plaketten unter den Bäumen erzählen von einem kleinen, unerhört mutigen Stück Europa, von Polen, Ukrainern, Tschechen, Franzosen, Belgiern, Holländern, Italienern, von Deutschen, Dänen und anderen mehr, die das Nächstliegende taten, indem sie Menschen in Not halfen, bevor das Naheliegende, nämlich die Angst um ihr eigenes Leben, das sie gefährdeten, die Oberhand gewinnen konnte.

Dr. Mordecai Paldiel war damals Direktor der Abteilung der „Gerechten unter den Völkern". Seine Unterschrift steht auch unter dem Brief, durch den meine Familie von der Ehrung erfuhr. Nach der Baumpflanzung führt er uns in ein großes, quadratisches Gebäude, eine Halle, in die kaum Licht dringt. Die Zeremonie, die uns erwartet, ist gleichermaßen eindrucksvoll und bedrückend. In der Düsternis brennt eine kleine Flamme, und meinem Sohn und mir wird bedeutet, sie mithilfe eines eisernen Arms zum Lodern zu bringen. Wir bemühen uns, es richtig zu machen, die Flamme schießt hoch hinauf in den Raum, und die Symbolik ist spürbar und zwingend: Niemals darf die Hoffnung sterben!

Nach der Zeremonie werden mir eine Urkunde und eine Medaille mit dem Namen meiner Mutter in einem Holzkästchen übergeben. „Quiconque sauve une vie sauve l'univers tout entier" (Wer ein Leben rettet, rettet die ganze Welt) – diese Zeile aus dem Talmud ist auf

Französisch eingraviert, weil 1963, als mit den Ehrungen begonnen wurde, Französisch die offizielle Fremdsprache in Israel war.

Der kurze Weg über staubigen, gelben Sand zur Gedenkhalle ist mir sehr lang erschienen, in Wirklichkeit können wir nicht mehr als fünf Minuten gegangen sein. Wir kommen an anderen Bäumen vorüber, und ich bemühe mich, die Namensschilder zu entziffern. „Eberhard Helmrich, Germany“ steht auf einem von ihnen unter einem großen Johannisbrotbaum, und es ist der Gedenkbaum meines Vaters. Es hat seine besondere Bewandtnis, dass hier ein Ehepaar nicht gemeinsam und mit einem Baum geehrt wurde, sondern dass es deren zwei gibt und dass zwischen den beiden Zeremonien neunzehn Jahre liegen.

Mein Vater hat seinen Baum im März des Jahres 1968 noch selbst gepflanzt, ein Jahr vor seinem Tod. Er reiste dazu aus New York an, wohin er 1949 ausgewandert war. Meine Mutter hat ihn um siebzehn Jahre überlebt. Sie hat von ihrer geplanten Ehrung erfahren, aber sie nicht mehr selbst entgegennehmen können. Es war kurz nach ihrem ersten Todestag, als wir für sie am Holocaust-Gedenktag des Jahres 1987 den kleinen Olivenbaum pflanzten. „Donata Helmrich, Germany“ heißt der zweite Baum meiner Familie in der „Allee der Gerechten“. Nicht mehr als dreißig Meter sind beide Bäume voneinander entfernt.

Meine Mutter hatte übrigens durchaus gemischte Gefühle im Zusammenhang mit solchen Ehrungen. Sie hat sich sogar immer ein bisschen lustig darüber gemacht: „Seit wann wird man für normales Verhalten geehrt?“ In ihren Augen waren die anderen die Unnormalen – die Barbaren, die Mörder, die Denunzianten und Mitläufer.

Dr. Paldiel führt uns nach der beklemmenden Zeremonie in einen hohen, holzgetäfelten Saal zu einer Art Pressekonferenz, auf die ich nicht recht vorbereitet bin. Ich erzähle von den Eltern, davon, wie ich sie als kleines Mädchen erlebte, und schildere, was meine älteren Geschwister, Freunde der Eltern und meine Mutter mir später berichtet haben. Und ich versuche zu erklären, dass damals niemand Leben retten konnte ohne andere Helfer. Solche, die Bescheid wussten, oder andere, die nur etwas ahnten und Schweigen bewahrten. Ich erzähle von Menschen, die ein Bett für einige Nächte zur Verfügung stellten, und von denen, die ein paar Kartoffeln extra, ein zusätzliches Kilo Fisch in Mutters Tasche packten oder einen warmen Pullover beisteuerten. In Kriegszeiten bekam man etwas von „unter dem Ladentisch", also nicht ganz legal.

Nach der Pressekonferenz werden Tilo und ich von denen, die uns begleitet haben, zu einem Mittagessen in ein Restaurant in der Stadt eingeladen. Es ist sehr feierlich, wir müssen auf einer Art Bühne Platz nehmen, mit uns der damalige deutsche Botschafter, Dr. Wilhelm Haas, und ein israelischer Mann mit seinem jungen Sohn. Als wir eintreten, beginne ich endlich die einzelnen Menschen richtig zu sehen und natürlich zu begrüßen. Zwei Mädchen, sie mögen acht und neun Jahre alt sein, kommen auf mich zu, und beide überreichen mir je einen kleinen Blumenstrauß mit den Worten: „Vielen Dank, dass Ihre Eltern unsere Großmutter gerettet haben." Sie sagen es artig, als handle es sich um ein alltägliches „Vielen Dank für die Einladung". Eine ältere Frau spricht mich an; sie habe mit falschen Papieren bei uns zu Hause, in der Westendallee in Berlin, gewohnt und sei dann später nach Palästina ausgewandert. Der Israeli neben mir, etwa so alt wie ich, erzählt mir von seinem Vater, der auf abenteuerliche Weise „arisch" gemacht worden war und gemeinsam mit meinem Vater in den schrecklichen vierziger Jahren im damaligen Polen, im sogenannten Generalgouvernement, Menschen beschützt, versteckt und gerettet hatte. Der Name des Vaters war mir geläufig, Naftali Backenroth, „der Ingenieur". Später hat er diesen Namen abgelegt und für alle Überlebenden seiner Familie den Namen „Bronicki" gewählt – ein Name mit einer düsteren Bedeutung, von der noch zu sprechen sein wird.

Jeder hier hatte eine Geschichte zu erzählen, von sich selbst oder von Verwandten und Freunden. Geschichten, die sprachlos machen. Es fiel mir schwer, etwas dazu zu sagen. Schließlich war ja nicht ich die Retterin. Allerdings hat mich die Frage „Wie hättest du dich verhalten?" mein Leben lang begleitet – zu beantworten ist sie nicht.

Die Geschichte der „normalen", der zivilen, Helfer ist in Deutschland – in beiden Teilen Deutschlands – nie wirklich wahrgenommen worden.

Vielleicht trifft es sogar eher den Kern zu sagen, die Deutschen haben sie aus dem kollektiven Bewusstsein verdrängt. Die Ausnahme ist Oskar Schindler, bekannt und populär gemacht durch Steven Spielbergs Film „Schindlers Liste". Fünfundzwanzig Jahre nach Kriegsende hat die damalige Bundesregierung einen Anlauf genommen, deutsche Retter ausfindig zu machen. Kaum beachtet von der Öffentlichkeit, wurde etwa zweihundert Personen das Bundesverdienstkreuz verliehen. Aber schon nach wenigen Jahren gab die Bundesregierung ihre aktive Rolle bei der Suche nach den Helfern auf und reagiert seither nur noch auf gezielte Hinweise Dritter. Die wissenschaftliche Forschung hat sehr spät, erst vor wenigen Jahren, begonnen, sich mit ihnen zu beschäftigen.

Der Mythos, es habe zwischen Gehorchen und Tod keinen dritten Weg gegeben, ist durch die Jahrzehnte hindurch wirkungsstark geblieben. Für die Mitläufer und die Wegschauer ist es bequem und auch beruhigend, sich an der Überzeugung festzuhalten, dass es wohl eine kleine Minderheit von Helden und Märtyrern gab, die für ihre Taten aber ausnahmslos mit dem Leben bezahlen mussten. Wir gedenken in jedem Jahr der Männer des 20. Juli, und wir erinnern uns mit Schaudern an die jungen, todesmutigen Studenten der „Weißen Rose", benennen Schulen nach ihnen und bewundern ihre Geradlinigkeit – zu Recht.

Die anderen jedoch, die es gewagt haben zu widerstehen, und zwar in ihrem ganz normalen, alltäglichen Leben, stellen eine Anfechtung, sogar eine Kränkung dar für all jene, die stets behauptet haben, unter dem Terror der NS-Diktatur sei einem gar keine Möglichkeit zur Wahl geblieben. Es scheint aber so zu sein, dass es in jedem Gewalt- und Spitzelregime einen kleinen Prozentsatz von Bürgern gibt, die für sich dennoch eine Wahl treffen, die immun sind gegen Lüge, Hetze und Drohungen. Sie bilden gleichsam die Hefe einer Zivilgesellschaft.

Was sind das für Menschen, deren moralisches Koordinatensystem intakt bleibt, die unkorrumpierbar standhalten, die selbst in Grenzsituationen wissen, was richtig und was falsch ist, und den Mut aufbringen, danach zu handeln?

2

Meine Mutter war so alt wie das vergangene Jahrhundert – Jahrgang 1900. Wenn ich an sie denke, dann sehe ich verschiedene Bilder und Situationen in einer Serie von Überblendungen. Die junge Frau mit den dichten, schwarzen Haaren, die ich so gern zu Zöpfen flocht, was sie gehasst hat. Die Mutter, die selten für einen Zeit hatte, aber wenn man krank war, einen Zustand himmlischer Glückseligkeit herbeizauberte mit ihrer Mischung aus Sorge und grenzenloser Verwöhnung. Die verhärmte Frau der Nachkriegszeit, die ich respektlos „Trockenobstchen" nannte, worüber sie gelacht hat. Bald danach wurde sie zur erfolgreichen, international gefragten Konferenzdolmetscherin. Eine Karriere, die sie mit fünfzig Jahren begonnen hatte und die fast bis zu ihrem achtzigsten Geburtstag andauerte.

Das lag ihr: die vielen Auslandsreisen, der internationale Rahmen, den sie während der Nazijahre so vermisst hatte, immer wieder neue Themenstellungen, in die sie sich mit Elan und Zielstrebigkeit einarbeitete. Wenn sie von ihren Reisen nach Hause kam, schilderte sie uns ihre Begegnungen mit Menschen und Wissensbereichen in den glühendsten Farben. Es war wohl die glücklichste Zeit ihres Lebens. Zugleich sehe ich sie in ihrem anderen Leben, als die hingebungsvolle „Ama", die Großmutter meiner Kinder, in ihrem Häuschen auf der Insel Sylt, ihrem Refugium, der „Enkelzentrale", wie sie es nannte.

Sie war temperamentvoll, mitfühlend, blitzschnell im Denken und Handeln, verwirrend inkonsequent in der Erziehung – mal streng und fordernd, mal nachlässig und uninteressiert –, sie war maßlos tüchtig und unglaublich couragiert. Ihre hervorstechendsten Eigenschaften waren, so will es mir scheinen, ihr Talent, sich von niemandem und durch nichts etwas vormachen zu lassen, und ihre überwältigende Großzügigkeit des Herzens.

Donata war das Kind einer ungewöhnlichen Verbindung. Die Mutter stammte aus einer großbürgerlichen griechischen Familie, der Vater war im Vergleich dazu ein armer Schlucker; sein Vater war preußischer Offizier, eine Karriere, die dieser auch für den Sohn, meinen Großvater, vorgesehen hatte. Der jedoch flüchtete mit sechzehn Jahren aus dem Kadettencorps und zog es vor, sich mit dem Abschreiben von Manuskripten, französischen Nachhilfestunden und Ähnlichem durchzuschlagen, um seiner Neigung zu folgen, der Literatur. Als er seine spätere Frau in Athen kennenlernte, war er ein mittelloser, junger deutscher Lyriker und Journalist, nicht gerade das, was man sich als Schwiegersohn erträumte. Aber die junge Frau setzte ihren Kopf schließlich durch; diese Amour fou zu unterbinden war nicht gelungen. Die ersten Jahre verbrachte die junge Familie bei Donatas Großeltern in Athen, dann zog sie nach Weimar. Der junge Dichter, Ernst Hardt, hatte auf einmal großen Erfolg mit seinen Dramen, für sein Stück „Tantris der Narr" erhielt er 1908 den Schillerpreis und den Preußischen Staatspreis, und das Leben der Familie stand damit auf solidem Fundament. Sie zog in ein schönes Haus „Am Horn", und meine Mutter und ihr fünf Jahre jüngerer Bruder wuchsen in einer Atmosphäre voller kultureller Anregungen und geistiger Liberalität auf.

1919 wurde Hardt zum Generalintendanten des traditionsreichen Weimarer Nationaltheaters berufen. Als Hausherr konnte der leidenschaftliche Demokrat die Nationalversammlung begrüßen. Für diese Gelegenheit inszenierte er den „Wilhelm Tell" und verfasste eine Ode, in der er die Morgenröte der heraufziehenden besseren Zeit beschwor. Für unseren heutigen Geschmack ist der Text etwas schwülstig.

Donatas Mutter, Polyxeni, hatte – ungewöhnlich genug für die Zeit – Kunstgeschichte in ihrer Heimatstadt studiert und erwartete von ihrer Tochter ebenfalls eine Berufsausbildung. Donata kam dem nach, wenn auch widerstrebend, und legte ihr Lehrerinnenexamen für Englisch und Französisch an einer höheren Frauenfachschule ab.

Die Eltern trennten sich, als die Kinder erwachsen waren, Polyxeni zog mit Sohn Prosper nach Berlin, in Donatas Nähe. Der Vater wurde

1926 vom damaligen Kölner Oberbürgermeister, Konrad Adenauer, als Intendant an den gerade gegründeten Westdeutschen Rundfunk nach Köln berufen. Die Mutter, meine Großmutter „Zazi", begann nun, in der Mitte ihres Lebens, eine ziemlich erfolgreiche Karriere als Kunsthändlerin.

Donata heiratete mit zweiundzwanzig Jahren, bekam kurz hintereinander drei Kinder – meine Halbgeschwister. Wir haben uns freilich immer als „richtige" Geschwister empfunden, denn wir sind miteinander im selben Haushalt bei unserer Mutter aufgewachsen. Die Ehe hatte keinen langen Bestand, und so brachte Donata ihre drei Kinder allein, mit der Unterstützung ihrer Mutter, als Sekretärin und Übersetzerin durch. 1931 lernte sie meinen Vater kennen.

Eberhard kam aus einer strengen, möglicherweise auch hochmütigen Hamburger Kaufmannsfamilie. Diese Großeltern habe ich nie kennengelernt, da sie mit der Heirat ihres Sohnes – eine „Geschiedene" mit drei Kindern! – ganz und gar nicht einverstanden gewesen waren und uns in Bausch und Bogen ablehnten. Vermisst habe ich sie nicht.

Eberhard schlug aus der Art, wurde nicht Kaufmann, sondern studierte Landwirtschaft in München. Er wurde, wie man so sagt, „kurzgehalten" von zu Hause und verdiente sich seinen Lebensunterhalt unter anderem als Begleiter von Viehund Saatguttransporten. Er reiste zu internationalen Landwirtschaftsausstellungen bis nach Südamerika. Von dieser Reise stammt ein silbernes Zigarettenetui mit der für Außenstehende unverständlichen Gravur „Eberhard Helmrich, von seinen dankbaren Kartoffeln". Ein Geschenk seiner Mitarbeiter. Viele, die ihn gut gekannt haben, berichten, dass er immer schon eine besonders gute Art hatte, mit Menschen umzugehen.

Ich erinnere mich an meinen Vater als einen stillen Mann mit leisem Lächeln und einer leisen Stimme, die eigentlich nicht zu seinem Körper passte. Als kleines Mädchen ist mir das natürlich nicht aufgefallen. Er war sehr groß, ein Meter vierundneunzig – ein riesiger, sanfter Mann mit einer erstaunlichen Portion selbstverständlicher Autorität. Und mit Löwenmut, wie sich später herausstellen sollte.

Am 1. April 1933 heirateten meine Eltern. Es sollte eine fröhliche Familienfeier im feinen Berliner Café Kranzler, Unter den Linden, werden, eine große Sache, denn „Ausgehen“ war nicht an der Tagesordnung, man lebte bescheiden. Meine Geschwister wissen zu berichten, dass sie schon wochenlang vorher sehr aufgeregt waren – wohl weniger wegen des Ereignisses selbst als wegen des Festes im vornehmen, eleganten „Kranzler“ – und dass man sie zu Hause bei Tisch ermahnte, wie man sich dort zu benehmen habe oder eben nicht benehmen dürfe. „Wenn du so ferkelst, dann kannst du nicht mit zu Kranzler!“, wurde ihnen gedroht.

Und dann fiel auf einmal die schöne Feier zur großen Enttäuschung der Geschwister einfach ins Wasser. Die Eltern hatten entschieden: „Es wird zu Hause geblieben.“

An diesem Tag fand die erste „Judenaktion“ statt. Die NS-Regierung inszenierte einen antijüdischen Boykott. Im ganzen Reich stellten SA-Formationen Wachen mit Warntafeln vor Geschäften, Kanzleien und Arztpraxen jüdischer Inhaber auf, um dem Publikum den Zutritt zu verwehren. Vielerorts fotografierten sie Käufer und Besucher. Am Abend wurden auch Kinos jüdischer Inhaber „boykottiert“. All dies ereignete sich in den belebten Geschäftsgegenden, aber auch vor kleineren jüdischen Geschäften pöbelte die SA und beschmierte die Schaufenster mit judenfeindlichen Parolen. Nachmittags sprach Joseph Goebbels, Gauleiter von Berlin-Brandenburg und „Reichsminister für Volksaufklärung und Propaganda“, auf einer organisierten Abschlusskundgebung über die nächsten Maßnahmen, die gegen die Juden getroffen werden sollten.

Statt zu Kranzler ging die Familie zu Großmutter Zazi. „Wir hatten bisher immer gedacht, das läuft sich tot“, erzählte meine Mutter, „das geht vorbei wie Masern oder Windpocken.“ Eine Fehleinschätzung, der viele unterlegen waren. Gar nichts ging vorbei – es fing gerade erst an.

Eberhard und Donata Helmrich, dreißiger Jahre

Donata Helmrich, dreißiger Jahre

Eberhard Helmrich und die drei Geschwister, dreißiger Jahre

Sommer 1936 auf Sylt

3

Die Helmrichs wohnten weit im Westen des Bezirks Charlottenburg, in Neuwestend, in einem Reihenhaus in der Westendallee nahe dem gerade entstehenden „Reichssportfeld", wo die Olympiade von 1936 abgehalten werden sollte. Bis heute ist Neuwestend eine angenehme, gemütliche Gegend mit viel Grün, schattigen Alleen, ein paar hübschen Plätzen, wo die Kinder spielen, die alten Leute auf der Bank sitzen und die Liebespaare schmusen. Dienstags und freitags gibt es, solange ich denken kann, einen Wochenmarkt in der Preußenallee, und in der „High Street" von Westend, der Reichsstraße, kann man alles kaufen, was man braucht. Diese Gegend war nie so nobel wie Dahlem oder Grunewald, sondern immer ein bisschen dörflich. Man kann dort gut leben, ohne sich ins Getümmel der Großstadt begeben zu müssen.

Die Familie führte ein unspektakuläres Leben. Eberhard war unter der Woche meistens unterwegs in der Uckermark, in der Umgebung Berlins, auf Landgütern, deren Besitzer in finanziellen Schwierigkeiten steckten. Heute würde man ihn, wenn es um seinen Beruf ginge, wohl als „Sanierer" bezeichnen. Obwohl diese Tätigkeit aus dem Blickwinkel der Eigentümer nicht gerade populär gewesen sein dürfte, entwickelten sich zu einigen der Familien Freundschaften, die teilweise bis zum Ende des Zweiten Weltkriegs und darüber hinaus Bestand hatten – und die sich in den schwierigsten Zeiten der Diktatur als nützlich und tragfähig erweisen sollten.

Donata war Hausfrau und besserte das Familienbudget durch Übersetzungsarbeiten auf, und meine drei Geschwister, zwei Schwestern und ein Bruder, acht bis zwölf Jahre älter als ich, gingen in die Privatschule von Fräulein Wolf, bevor sie auf die Oberschule kamen. Diese drei hatten – im Gegensatz zu mir – eine sehr behütete Vorkriegskindheit mit vielen Unternehmungen, Kindergeburtstagen,

Ausflügen aufs Land und Klavierstunden für die Älteste. Ihre Sommerferien verbrachten sie an der Ostsee. Die Vorstellung, dass Donata ein unscheinbares Heimchen am Herde gewesen sein könnte, wäre allerdings gänzlich falsch! Temperamentvoll und lebenslustig, wie sie war, liebte sie es, „Leben" um sich zu haben. Und „Leben" hieß für sie: viele Menschen, je mehr, desto besser, und je unterschiedlicher sie waren, desto spannender fand sie es. Sie wollte und hatte immer ein offenes Haus, auch wenn es ihrem Mann dem Vernehmen nach mitunter etwas zu viel wurde. Er zog sie durch den Kakao mit ihrem „Wirtshaus zum geduldigen Lamm", aber im Grunde hat ihm dieses Kontrastprogramm zu seinem eigenen stillen Wesen wohl doch sehr gefallen – die lebhaften Diskussionen, das Gelächter, die große Runde bei Tisch, das Musizieren.

In Westend, wie auch in anderen Außenbezirken, mögen viele Menschen nichts von den drastischen Veränderungen gespürt haben, die das Jahr 1933 mit sich brachte, es sei denn, man hatte jüdische Freunde oder solche, die den Nationalsozialisten suspekt waren. Die neue Regierung war offenkundig gut vorbereitet auf die Übernahme der Macht: Die Flut von Gesetzen und Verordnungen, die bereits in diesem ersten Jahr erlassen wurden, erscheint uns heute unfassbar. Die neuen Herren verloren keine Zeit. Sehr rasch begannen sie mit Schikanen und ersten Berufsverboten für jüdische Ärzte, Rechtsanwälte und Lehrer. Frontkämpfer aus dem Ersten Weltkrieg waren davon vorläufig noch ausgenommen. Es gab Einschränkungen für Firmen jüdischer Eigentümer und Sonderregelungen für jüdische Wohlfahrtsempfänger. Mitte August 1933 wurde ein Badeverbot für Juden im Strandbad Wannsee verhängt, und im Oktober schloss der Grunewalder Tennisclub Rot-Weiß seine „nichtarischen" Mitglieder aus, vier Wochen später auch diejenigen, die mit „Nichtariern" verheiratet waren. Die Schraube begann sich erschreckend schnell zu drehen, aber längst nicht alle Gegner des neuen Regimes konnten und wollten sich vorstellen, dass noch Schlimmeres bevorstand. Im Gegenteil, selbst unter den in erster Linie Betroffenen, den Juden, gab es viele, die diese Entwicklung nur für eine lästige Übergangszeit hielten und darauf vertrauten, dass Vernunft und Normalität bald zurückkehren würden.

In der Familie Helmrich gab es einen ziemlich nahen Einschlag: Donatas Vater wurde im April 1933 als Intendant des Westdeutschen Rundfunks entlassen und ins Kölner Gefängnis „Klingelpütz" gesperrt.

Der Sozialdemokrat Ernst Hardt und der Nationalsozialist Joseph Goebbels hatten – so ironisch das klingt – eines gemeinsam: Sie nahmen den Rundfunk als Medium ernst. Aber ein unabhängiger Geist wie Hardt widersprach den Vorstellungen der Propagandaleute gewiss zutiefst. Dem Intendanten war es gelungen, aus dem Klamaukradio, auf das so viele Intellektuelle aus Wissenschaft und Kultur nur mit Herablassung und Kopfschütteln reagiert hatten, eine erfolgreiche und beliebte, volksnahe Kulturinstitution zu machen.

Seine ersten Überlegungen zur Programmgestaltung galten der Frage: „Was braucht der Mensch?" Mit Feuereifer stürzte sich der Fünfzigjährige in die neue Aufgabe. Er experimentierte mit Hörspielen, erstmals wurden Bühnenstücke für den Rundfunk bearbeitet, und zu den feierlichen Live-Sendungen „zogen sich die Schauspieler an, als gingen sie ins Theater", wie in einem späteren Bericht nachzulesen ist. Georg Büchners „Woyzeck", Stücke von Bertolt Brecht und vielen anderen Autoren wurden so einem breiten Publikum bekannt gemacht.

Es gab regelmäßig Rundfunkkonzerte, erste Schulfunksendungen gingen über den Äther, und auf die erste Übertragung eines Fußballspiels erhielt der Sender fünfundzwanzigtausend Hörerbriefe. Auch die wöchentliche Sendung „Stunde des Arbeiters" muss eine umfängliche Hörergemeinde gehabt haben, denn die eingesandten Arbeiten gaben den Stoff für eine weitere Reihe – „Ungedruckte Dichter". Ernst Hardt hatte ein hoch gestecktes Ziel: ein qualitätvolles Programm für breite Bevölkerungsschichten – „über den Weg des Verstehens durch Belehrung und Erbauung zur Weltkenntnis zu gelangen", so hatte er es formuliert.

Der politische Kommentar, heute eine Säule jedes politischen Ressorts eines Senders, war 1928, als das tägliche Magazin „Vom Tage" eingeführt wurde, noch Neuland. Und ebenfalls sehr erfolgreich. Es lässt sich leicht denken, mit welchem Idealismus und mit welcher Begeisterung – und mit wie viel Arbeit! – die Rundfunk-„Macher" das neue Medium nach ihren Vorstellungen gestalten wollten. Im Archiv des Westdeutschen Rundfunks kann man über diese Zeit die lapidare Bemerkung finden: „geringer Einfluss des Programmbeirats auf die Programmgestaltung". Das Hörerecho aber wuchs von Monat zu Monat. Kein Wunder, dass Goebbels ganz besonderes Interesse an diesem Sender zeigte.

Das erste Verhör Ernst Hardts durch die Gestapo fand bereits im Frühling 1933 statt. Vielleicht hatte man geglaubt, den bekannten Rundfunkmann für die eigenen Ziele gewinnen zu können, aber falls das ein Versuch war, ihn vor den Nazikarren zu spannen, so misslang er gründlich. Die Antwort meines Großvaters aus diesem Verhör ist verbürgt: „Ich bin immer sozial und national gewesen; was ich nie gehabt habe, ist der Bindestrich, und den werde ich auch nie haben", erklärte er brüsk.

Auf das Ansinnen, seine jüdischen Mitarbeiter zu entlassen, reagierte er eindeutig – er weigerte sich. Kurze Zeit später, nach weiterem Drängen, das Funkhaus von Juden zu „säubern", und erneuter Weigerung seinerseits, kam er mit seinem „freiwilligen" Rücktritt, den die Machthaber auf der Stelle akzeptierten, einer Entlassung zuvor. So ganz hat er dem Frieden allerdings nicht getraut, und damit sollte er sich auch nicht getäuscht haben. Zwar hatten die neuen Herren ihm versichert, sie würden sein Gehalt weiter zahlen, bis sein Vertag ausgelaufen sei, aber schon vier Wochen später wurde er – rückwirkend – fristlos gekündigt. Sein Vertrag war damit gegenstandslos, und er erhielt prompt Hausverbot. Es folgten Hausdurchsuchungen, und ein übereifriger Staatsanwalt, der auf diese Weise wohl seine nationalsozialistische Karriere zu befördern trachtete, erhob mit fadenscheinigen politischen Vorwürfen Anklage gegen ihn. Hardt wechselte von seinem schönen Haus am Rande des Bergischen Landes ins Gefängnis. Dort wurde er krank und fand daraufhin im Kölner St. Anna Hospital Zuflucht. Das Verfahren gegen ihn wurde wegen Krankheit ausgesetzt, und drei Jahre später ist es dann sang-und klanglos eingestellt worden. Es war wohl selbst für Nazigepflogenheiten ein außerordentlich törichtes Machwerk gewesen.

Was die „Reichsschrifttumskammer“ verfügt hatte und was den Verlegern, Bibliothekaren und Buchhändlern vorgeschrieben worden war, blieb jedoch volle zwölf Jahre aufrechterhalten: das Publikationsverbot. Keine Zeile von Ernst Hardt, auch keine von ihm übersetzte Zeile durfte im Deutschen Reich gedruckt oder nachgedruckt werden. Als totgeschwiegener Mann lebte er in den folgenden Jahren im Abseits, wenngleich in der Hauptstadt. Er war in die Nähe seiner Tochter Donata und ihrer Familie, nach Berlin-Westend, gezogen, wo er allein mit Kater Gustav in einer kleinen Wohnung in der Preußenallee wohnte. Nichts von dem, woran er sich in fünfundzwanzig Jahren Wohlstand gewöhnt hatte, war ihm geblieben, zumal seine Leidenschaft für extravagante, schnelle Autos gehörte ein für alle Mal der Vergangenheit an. Er war wieder arm, verkaufte Stück für Stück sein Eigentum und konnte hin und wieder eine literarische Übersetzung, verfasst unter dem Pseudonym „Alexander Vult“, in einer Zeitschrift unterbringen. Im Jahr 1938 geschah dann etwas ziemlich Überraschendes: Die Frau des Reichsmarschalls Göring, die vormalige Schauspielerin Emmy Sonnemann, sorgte für eine kleine, regelmäßige Rente.

In meiner Erinnerung sehe ich einen strengen, schönen älteren Herrn, der mir fremd blieb, obwohl er mein Großvater war. Er war immer untadelig gekleidet – im Winter trug er einen Paletot mit Pelzbesatz, im Sommer ein helles Leinenjackett. Er kam in dieser Zeit häufig zum Mittagessen zu uns, und ich weiß noch genau, dass er großen Wert auf gute Tischmanieren und auf „anständiges Deutsch“ legte; zu beidem wurden wir, besonders ich als die Kleinste, ermahnt.

Glücklicherweise ist da aber noch eine andere Erinnerung – Opapa, wie wir ihn nannten, konnte zaubern! Mit seinen gepflegten, geschickten Händen zauberte er mir Geldstücke aus der Nase, ließ Gegenstände verschwinden und verwandelte die Muster auf meiner hellblau-weißen Decke. Er schüttelte sie ein paarmal kräftig, und schon tauchte der eingewebte Löwe, der vorher in der linken Ecke gewesen war, rechts auf, und das Zebra vom unteren Rand erschien plötzlich am oberen Rand. Diese Fähigkeit bewunderte ich grenzenlos, und vor meinen Freundinnen gab ich an mit dem Großvater, der ein Zauberer war. Aber er war auch ein Dichter, das wusste ich von meiner Mutter. Und manchmal, viel zu selten, nahm er sich die Zeit, wunderbare Geschichten zu erzählen. An den Inhalt erinnere ich mich nicht mehr, nur daran, dass wir nicht mehr im Garten oder im Kinderzimmer saßen, sondern in verlockenden Gefilden, weit weg, am großen Meer.

Meine Geschwister erinnern sich nicht, dass er vor seiner Familie über sein Schicksal geklagt hätte. Es kann aber kein Zweifel daran bestehen, dass er unter der Verbannung aus dem geistigen Leben seines Vaterlandes mehr gelitten hat als unter den anderen persönlichen Einschränkungen. In Briefen an alte Freunde kommen Zorn und Resignation zum Ausdruck, vor allem aber eine bittere Kritik an jenen seiner ehemaligen Mitarbeiter, die nach 1933 hurtig zu den „braunen Kolonnen" eingeschwenkt waren und sich in deren Dienste gestellt hatten, innerlich wie äußerlich anscheinend problemlos gleichgeschaltet.

Das letzte Kriegsjahr und die darauf folgenden zwanzig Monate verbrachte er in einem kleinen Ort in Bayern, in Ichenhausen an der Günz. Ein aufrechter, geradliniger Mann blieb er bis zum Schluss: Nach Kriegsende, schon schwer erkrankt, hat er es abgelehnt, womöglich als Opfer des Dritten Reiches in gleicher Weise anerkannt zu werden wie die Männer und Frauen des Widerstands. Er sei zwar von Anbeginn ein entschiedener Gegner des Regimes gewesen, aber Widerstand? – nein, den habe er nicht geleistet. Sein alter Tatendrang ist wohl noch einmal aufgeflackert, wie man seiner Korrespondenz aus jenen Monaten entnehmen kann. Als freier Mitarbeiter verfasste er kleine Beiträge für den damaligen Nordwestdeutschen Rundfunk – zu größeren Aufträgen kam es nicht mehr.

Das Medium selbst und Überlegungen zu dessen Zukunft haben ihn beschäftigt. In einem Brief schreibt er: „Der Rundfunk hat zur Zeit und für die nächste Zukunft wirklich gar keine größere Aufgabe, als unter

Aufbietung aller seelischer Kräfte, deren er in Deutschland habhaft werden kann, den unendlich vielen verlorenen, vergifteten, sich versteifenden Naziseelen zu helfen, sie zu überzeugen und sie von innen her mit dem Verlangen zu erfüllen, in geistig und seelisch lebenswerte Auffassungen von Recht, Gesetz, Staat und persönlicher Verantwortung vor Gott und der Menschheit zurückzukehren."

Mit großer Energie gelang es ihm, ein Romanmanuskript, an dem er zehn Jahre lang gearbeitet hatte, im März 1946 noch zu beenden. Das Päckchen mit dem Manuskript des „Don Hjalmar" schickte er an seinen alten Verlag, den Insel Verlag, wo das Buch Anfang Dezember 1946 erschien.

Einer der letzten Briefe Ernst Hardts ist an seinen Verleger Anton Kippenberg gerichtet. „Vorgestern geschah, was gewissermaßen als letzte irdische Freude mir noch erwachsen konnte. Ich wachte auf, und vor mir auf der Bettdecke lag der ‚Hjalmar' wie ein Friedenswerk aus der besten Epoche des Inselverlages. Ich kann davon nicht sprechen und nicht schreiben, ohne dass mir dabei unter meinen ein wenig lose gewordenen Nerven die Tränen in die Stimme und ins Atmen kommen."

Der Antwortbrief hat ihn nicht mehr erreicht. Ernst Hardt ist am 3. Januar 1947 im Alter von siebzig Jahren gestorben.

4

Zurück zu den Anfangsjahren des „Dritten Reiches".

Trotz der Entlassung von Donatas Vater, trotz der vielen Schikanen, denen sich Freunde der Helmrichs ausgesetzt sahen, ging das Leben mit seinen alltäglichen Aufgaben und Anforderungen für Donata und Eberhard einigermaßen normal weiter. Sie waren ein junges Ehepaar, sie waren glücklich miteinander, und sie wünschten sich nichts sehnlicher, als dass es so bliebe.

Schnappschüsse aus dieser Zeit: Auf einer Wanderung außerhalb Berlins begegnete den beiden ein Lastwagen, auf dessen Ladefläche SA-Männer in Uniform standen und Lieder grölten. Man hörte sie schon von weitem. Als sie das Paar überholten, streckten alle den rechten Arm in die Höhe und schrien: „Heil Hitler!" Donata und Eberhard lachten vergnügt und dachten nicht daran, den Hitlergruß zu erwidern; stattdessen winkten sie fröhlich zurück. Einige SA-Leute brüllten vom Lastwagen herunter: „Der deutsche Gruß geht so", hoben nochmals den rechten Arm und drohten den beiden. Die sahen sich ungläubig an. „So ein blödsinniger Gruß!", meinte Donata kopfschüttelnd.

Nach ein paar Metern, die sie schweigend nebeneinander hergegangen waren, noch einmal Donata: „Das kann doch einfach nicht von Dauer sein – das ist doch alles verrückt!" Vielleicht wollten sie sich Mut machen, gegen alle Zeichen der Zeit. Wie sie dachten viele.

Die ersten Juden aus dem Bekanntenkreis begannen zu überlegen, ob sie nicht vielleicht doch besser daran täten, Deutschland zu verlassen und in die Schweiz oder nach England zu gehen – wenigstens für einige Zeit. Manche schickten ihre Kinder vorsichtshalber zum Studium ins Ausland. Dennoch herrschte wohl zu dieser Zeit unter den sogenannten assimilierten Juden, die sich als integraler Teil der Bevölkerung in Deutschland empfanden, die die gleiche Sprache hatten, eine gemeinsame Geschichte und die gleichen Hoffnungen für die Zukunft teilten, noch die Meinung vor, zwar könnte es härter werden und zu weiteren Einschränkungen kommen, aber all das würde vorübergehen. Folter und Totschlag, Deportation und Massenmord schienen undenkbar.

Im Jahr 1934 wurde Donata schwanger, sie erwartete mich, ihr viertes Kind. Eine Bekannte riet ihr, sie solle sich doch einmal beim Gesundheitsamt melden, denn wie sie gehört habe, übernehme der Staat für das vierte Kind einer Familie die Entbindungskosten, und zusätzlich gebe es eine Beihilfe von zweihundert Mark. Da die Familie nicht gerade im Geld schwamm, dachte sich Donata: „Warum nicht?" – man könnte sich ja mal ganz unverbindlich erkundigen. Sie brachte also ihr Anliegen auf dem Gesundheitsamt Charlottenburg vor, und das Gespräch mit der Beamtin spielte sich ungefähr so ab: „Ja, Frau Helmrich, da müsste ich zunächst einmal von Ihnen wissen, ob es sich im Sinne des Gesetzes um ein zusätzliches Kind handelt." Donata: „Entschuldigen Sie bitte – aber was ist ein zusätzliches Kind?" Die Beamtin: „Ein zusätzliches Kind ist ein Kind, zu dessen Zeugung sich die Eltern allein aufgrund einer Rücksprache mit dem Gesundheitsamt oder einer anderen Dienststelle entschlossen haben." Darauf Donata: „Aha – dann liegt hier wohl ein Missverständnis vor, denn in meinem Fall handelt es sich um ein Kind, das wir sowieso gern haben wollten. Vielen Dank, aber dann muss ich leider auf die staatlichen Zuwendungen verzichten." Sprach's und ging. Später schmückte meine Mutter diese Szene gern noch ein bisschen aus: „Es hätte nicht viel gefehlt, und die Person hätte mich noch gefragt, ob wir das Kind auch unter den Augen des Staates – na, ihr wisst schon!" – „Dem Führer ein Kind schenken", so lautete eine Parole, die durchaus ernst gemeint war, wiewohl sie wie blanke Ironie klingt.

Die Sache mit dem „zusätzlichen Kind" blieb lange an mir hängen. Meine Geschwister und manchmal auch meine Mutter ärgerten mich damit. Obwohl ich wusste, dass es nur Spaß war, kränkte es mich sehr. Eigentlich hatten die Eltern noch ein weiteres Kind „geplant", doch als sie diesen Plan hätten verwirklichen können, erschienen ihnen die Zeiten nicht geeignet für eine weitere Familienvergrößerung. Meine Mutter hat das dem „Tausendjährigen Reich" bis ins hohe Alter persönlich übel genommen.

Für Mütter mit vier und mehr Kindern führte der Nazistaat später, 1939, eine besondere Auszeichnung ein, und zwar unabhängig davon, ob die Kinder gewollt oder „zusätzlich" waren: das Mutterkreuz. Das war eine Art runder Blechbonbon, den sich die Mütter stolz an die Brust stecken sollten. Bei uns flog das Ding in eine Knopfschachtel, und meine Mutter hat es nie getragen. Dafür verlieh sie es hin und wieder mit großem Amüsement an Freundinnen, die gar keine Kinder hatten. Ich erinnere mich an ein in der ganzen Allee bekanntes weibliches Paar – die eine schlank, elegant, adlig, im Herrenanzug, die andere lustig, vollbusig, mit dunklen Kulleraugen –, das mit Mutters Mutterkreuz auf der Bluse Arm in Arm über den Markt auf der Preußenallee stolzierte …

Im Laufe der Monate nahm die Frage „Auswandern oder nicht“ an Bedeutung zu. Und zwar sowohl in einigen jüdischen Familien als auch bei den offiziellen Stellen, so merkwürdig das heute erscheinen mag. Hier vom „Gesetzgeber“ zu sprechen fällt schwer angesichts von Willkür und Unrecht – aber tatsächlich geht aus den einschlägigen Verlautbarungen zur „Judenfrage“ 1933 und auch noch später deutlich hervor, dass – so heißt es wörtlich – „die Auswanderung von Juden erwünscht“ war. Andererseits machten sich die Nazis jedoch Sorgen um die zu erwartenden Steuerausfälle. Reichskanzler Brüning hatte 1931, in wirtschaftlich schweren Zeiten, die „Reichsfluchtsteuer“ eingeführt, um die Kapitalflucht aus Deutschland zu bremsen. Nach 1933 nutzten die Nationalsozialisten dieses Instrument für ihre eigenen perfiden Ziele. Immer schamloser griff der Staat zu: 1934 lag die Freigrenze noch bei Kapitalbesitz von zweihunderttausend Reichsmark, 1937 waren nur noch fünfzigtausend Mark von dieser Steuer befreit. Aber erst die „Judenvermögensabgabe“, die kurz nach der „Kristallnacht“ im November 1938 beschlossen wurde, machte schließlich selbst die kleinen Sparer bettelarm. Alle deutschen Juden, die Ersparnisse von mindestens fünftausend Mark besaßen, mussten zwanzig, später fünfundzwanzig Prozent an das Finanzamt abführen. Dem deutschen Fiskus brachte diese gnadenlose Ausplünderung seiner jüdischen Bürger 1,13 Milliarden Reichsmark ein. Später wurden solche pseudolegalen Vorschriften ganz und gar fallen gelassen, und jeder, der mit nichts als seiner heilen Haut aus Deutschland herauskam, konnte seinem Schöpfer danken.

Der Nazistaat war darauf bedacht, so viel materielle Werte wie möglich zu raffen und zu behalten. In einer Verordnung aus dieser Zeit heißt es: „Um die Verschiebung von Vermögen ins Ausland durch Juden zu verhindern, muss das Mitnehmen von Wertsachen ins Ausland unterbunden werden.“ Dies war die Stunde von Bestechung und Angstverkäufen zu Schleuderpreisen, nur um die nötigen Stempel für die Ausreise zu erhalten, und auch die Stunde der Schmuggler – der selbstlosen und der von Profitgier getriebenen.

Meine Großmutter Zazi – klein, zart und sehr elegant – reiste mehrmals nach Holland und in die Schweiz und brachte Diamanten, die sie dem Vernehmen nach in ihrer Puderdose mit sich führte, für Freunde über die Grenze. Sie vertraute auf ihre Kaltblütigkeit und auf ihren griechischen Pass. Einmal wurde es aber doch brenzlig. Nachdem die Zollbeamten – oder war es die Polizei? – alle Koffer der Reisenden untersucht hatten, wies einer auf Zazis Handtasche und verlangte barsch: „Öffnen!" Meine Großmutter soll sich kerzengerade aufgerichtet, die Kontrolleure wütend angeblitzt und mit vor Empörung bebender Stimme gesagt haben: „Aber meine Herren – die Handtasche einer Dame!?" Woraufhin diese die Hacken zusammenschlugen, die Finger an die Mützen legten und mit einem verdatterten „Verzeihung, gnädige Frau!" das Abteil verließen.

Auch Donata betätigte sich gelegentlich als Juwelenschmugglerin. Freilich war sie ein ganz anderer Typus als ihre Mutter und hatte sich darum auch eine andere Vorgehensweise für ihre Auslandsreisen zurechtgelegt. Sie muss sich aufgezäumt haben wie ein Zirkuspferd, indem sie alles, was man sich an Schmuck umhängen und anstecken konnte, offen zur Schau trug und das Übrige einfach einpackte.

Auf die entsetzte Frage einer Freundin: „Und was hättest du gemacht, wenn sie gekommen wären und dich zum Verhör abgeführt hätten?" meinte Donata achselzuckend: „Dann hätte ich die Beleidigte gespielt und gesagt, ich möchte bitte jedes Schmuckstück, das ich besitze und das mir gefällt, auch jederzeit tragen! – Ich bin nämlich die Königin von Saba!"

„Und was, wenn sie dir den Schmuck einfach weggenommen hätten?" Damit musste man rechnen, das wäre eben Pech gewesen. Zum Glück ist sie nie in die Situation gekommen, die Königin von Saba herauszukehren! Vielleicht wäre es doch nicht so glatt gegangen, wie sie es sich vorstellte. Ohne ein gewisses Maß an Tollkühnheit wären alle Hilfs-

und Rettungsbemühungen nicht denkbar und auch nicht durchführbar gewesen. Oft habe man sich die Gefahren auch gar nicht so genau vor Augen geführt, berichtete meine Mutter später. „Wozu auch? Man musste sowieso immerzu handeln und improvisieren." Wer zu große Angst habe, um ein Risiko einzugehen – davon war sie fest überzeugt –, der solle besser die Finger ganz und gar davon lassen, „weil es dann meistens schief geht".

5

Es scheint, als habe sich Eberhard in dieser Zeit nicht ganz glücklich gefühlt in seiner Sanierertätigkeit. Mag sein, dass ihm das ständige Unterwegssein zu viel war, vielleicht hat es ihn aber auch nur gereizt, etwas Neues zu beginnen.

Es gab zwei Angebote, die unterschiedlicher nicht hätten sein können. Beide kamen durch jüdische Bekannte zustande. Es war im Jahr 1935, als der Getreidehändler Isidor G. meinem Vater eine erstrebenswerte Zukunft als erfolgreicher Geschäftsmann ausmalte, an der dieser offenbar Gefallen fand. Gemeinsam gründeten sie eine Firma, die den Handel mit landwirtschaftlichen Gütern in großem Stil betreiben sollte. Da beide nicht über die Mittel verfügten, ein Unternehmen der angestrebten Größenordnung aufzubauen, mussten sie sich das notwendige Kapital bei der Bank beschaffen. Donata war verzweifelt und beschwor ihren Mann, den Plan aufzugeben: „Du verstehst zwar viel von Landwirtschaft, aber nichts von Geschäften – lass es bleiben!" Ihre Sorgen wurden in den Wind geschlagen – „Du bist doch sonst nicht so risikoscheu!" –, und die Herren schritten zur Tat. Der Kredit wurde bewilligt, Eberhard bürgte, und als Tüpfelchen auf dem „i" wurde der brave, kleine DKW verkauft und ein standesgemäßer grüner Ford angeschafft, um bei den potenziellen Kunden Eindruck zu schinden.

Das Erwachen war bitter, und die Folgen sollten der Familie noch lange zu schaffen machen. Kurz nachdem der Kredit auf das gemeinsame Geschäftskonto überwiesen und dort verbucht worden war – um welche Summe es ging, ist nicht mehr festzustellen –, verschwand das Geld auf Nimmerwiedersehen und Isidor G. desgleichen. Die Helmrichs blieben auf den Schulden sitzen, an denen sie die nächsten Jahre zu tragen hatten. Jeder Pfennig wurde umgedreht, Donata übersetzte und übernahm Schreibarbeiten, was das Zeug hielt. In der Regel erledigte sie diese zusätzliche Arbeit „vor dem Aufstehen", das heißt, bevor wir Kinder wach wurden. Lakonisch meinte sie: „Nur gut, dass ich von Hause aus Frühaufsteherin bin."

Gab es Streit darüber? Hat sie ihrem Mann sein törichtes Handeln ständig vorgehalten?

Ich war noch kein Jahr alt, daher weiß ich es nicht – aber wie ich meine Mutter kenne, wird sie zunächst explodiert sein, und zwar mit ohrenbetäubendem Getöse, mein Vater hat das – so stelle ich es mir vor – still und schuldbewusst über sich ergehen lassen, und dann wird sie sich mit einem gewissen Ingrimm ins Unvermeidliche geschickt und zugepackt haben.

Hat diese Erfahrung ihrer Hilfsbereitschaft Abbruch getan? So erstaunlich es erscheinen mag: offenbar nicht im Geringsten. Ich erinnere mich an einen Ausspruch meines Vaters: „Es gibt überall anständige Leute, und es gibt überall Betrüger, und das hat nichts damit zu tun, ob sie Christen, Juden oder sonst irgendetwas sind. Charakter bleibt Charakter, und Schwein bleibt Schwein!" Diese Auffassung teilte die Mutter uneingeschränkt. Allerdings reagierte sie fortan auf das Wort „Bürgschaft" zeitlebens außerordentlich allergisch, und zum eisernen Vorrat ihrer guten Ratschläge gehörte der Satz: „Bürgt niemals – schenkt lieber!" Und „Isidor" blieb uns als drohendes Synonym für Torheit und finanzielles Desaster jahrzehntelang erhalten.

Das zweite Angebot kam einige Monate nach Vaters Fehlstart als erfolgreicher Geschäftsmann. Und der Zuschnitt war von ganz anderer Art. Ein wohlhabender Landwirt, der eine Schafzucht in Pommern betrieben hatte und den Eberhard von seiner Tätigkeit her kannte, meldete sich eines Tages aus England. Dieser Mann, dessen Namen ich nicht weiß, hatte nach der Machtergreifung der Nationalsozialisten nicht lange gezögert und seinen Besitz so rechtzeitig verkauft, dass er genügend Kapital hatte, um in England, wohin er emigriert war, eine Farm zu erwerben und dort wieder mit der Schafzucht zu beginnen. Der Betrieb lief sehr gut, er beschloss, ihn zu vergrößern, und so machte er Eberhard den Vorschlag, mit seiner Familie nach England zu übersiedeln und dort für ihn zu arbeiten. Er habe größtes Vertrauen zu ihm, als Landwirt wie als Mensch, und er möge bitte rasch seine Entscheidung treffen.

Raus aus Nazi-Deutschland! – welche Verlockung muss das gewesen sein. In einem Gespräch mit meiner Mutter, das Anfang der achtziger Jahre auf Tonband aufgenommen wurde, erinnert sie sich: „Stellen Sie sich das nur einmal vor: eine gute Stelle für Eberhard – und gut bezahlt. Und auf dem Land. Und in England. Englische Schulen für die Kinder. Nicht auszudenken. Ja, da waren wir schon sehr in Versuchung." Und sie fährt fort: „Dann haben einige Freunde gesagt: ‚Und was soll aus uns werden, wenn ihr nicht mehr da seid?' Da haben wir uns nach langem Nachdenken gesagt, wir sind nicht gefährdet, unser Name hat sich inzwischen herumgesprochen, und die Leute wissen, dass sie erst einmal zu uns kommen können, wenn irgendwas ist. Wir sind doch so etwas wie eine Hilfsstation. Dann haben wir wirklich ganz bewusst auf das Angebot aus England verzichtet. Wenn auch sehr schweren Herzens."

Ich habe das nachgelesen und mich gefragt, ob das nicht etwas zu gut ist, um wahr zu sein, ob es so viel Altruismus wirklich geben kann und ob diese Geschichte in der Rückschau nicht doch ein bisschen veredelt worden ist. Aber wer weiß das schon? Es wäre jedenfalls verständlich, wenn zu dem Entschluss der Eltern noch andere Überlegungen beigetragen hätten. Alles hinter sich zu lassen – es sei denn, man wäre dazu gezwungen –, das hübsche Haus, das gewohnte Leben, die Freunde, den vertrauten Sprachraum, um sich mit vier Kindern auf das Abenteuer eines radikalen Neuanfangs in einem zwar nicht ganz fremden, aber auch nicht ganz und gar vertrauten Land einzulassen? Und ob es auch wirklich gut gegangen wäre? Das Drama der Entscheidung, der Heimat den Rücken zu kehren und die eigenen Wurzeln zu kappen, ist Teil einer jeden Migrationsgeschichte, in jedem Land und zu jeder Zeit. Es mag also durchaus eine ganze Reihe von guten Gründen gegeben haben, das verlockende Angebot aus England auszuschlagen. So blieben die Helmrichs in Berlin.

6

Indessen gingen die Hilfsaktionen der Eheleute weiter. Einmal wurde ein Koffer für ein paar Tage aufbewahrt, bis ihn jemand abholte, ein anderes Mal wurden zusammengerollte Bilder, Gold- und Schmucksachen ins Ausland gebracht und dort bei Vertrauenspersonen für die eigentlichen Besitzer deponiert, und man half Freunden bei deren Auswanderung.

In den ersten Jahren sei es vergleichsweise einfach gewesen, den Verfolgten des Regimes zu helfen, berichteten beide Helmrichs. Man ging weiter zu den Ärzten, zu denen man schon immer gegangen war, und wenn es jüdische Ärzte waren, dann bedeutete das, die Honorare aus der eigenen Tasche zu bezahlen, weil die Krankenkasse dafür nicht mehr aufkam. So versorgte uns unser alter Kinderarzt Dr. Lissauer bis zu seiner Auswanderung. (Einer seiner Aussprüche hielt sich jahrelang als geflügeltes Wort: „Mit den Krankheiten der Kinder kann man ja fertigwerden – aber mit der Dummheit der Eltern …") Je mehr die Verdienstmöglichkeiten von Juden eingeschränkt wurden, desto gezielter und bewusster beschäftigte „man" jüdische Handwerker. Man? – „Jeder anständige Mensch konnte das machen, und viele haben es auch getan", schrieb meine Mutter im Jahr 1946 für das Entnazifizierungsverfahren einer Musiklehrerin meiner Schwestern auf. („PG – aber anständig." – „PG" steht für Parteigenossin.) Waren es wirklich viele? Die gegenteiligen Beispiele, wo die Leute ihren langjährigen

Doktor nicht mehr kannten, wenn sie ihm auf der Straße begegneten, sind uns geläufiger. Noch einmal: viele? Es bedarf heute keiner Diskussion, dass es allzu viele waren, die sich von Hitler begeistern ließen, aber langsam beginnen wir auch diejenigen in unser Blickfeld zu lassen, die die Geschichtsschreibung über die dreißiger und vierziger Jahre des vergangenen Jahrhunderts übergangen hat. Und es sind viel mehr gewesen, als gemeinhin bekannt ist. Es gab ein unsichtbares Wurzelwerk von Helfern, ohne das die Rettung von Menschenleben gar nicht möglich gewesen wäre. Ein Umfeld von Gleichgesinnten war lebensnotwendig, im wahrsten Sinne des Wortes.

Etwas später gehörte es zu den Hilfestellungen, die „jeder anständige Mensch" übernehmen konnte, für jüdische Bekannte einkaufen zu gehen, als diese nicht mehr zu jeder Tageszeit und nicht mehr in allen Geschäften einkaufen durften. Oder einfach nur weiter miteinander zu verkehren, wie vor 1933. – „In mein Wohnzimmer kommt keiner rein, der mir nicht passt. Hier bestimme ich!", beschied Donata. Das klingt wie eine Beschwörungsformel.

Ein Datum, das das Leben von Juden und das Zusammenleben von Juden und Nichtjuden einschneidend verändern sollte, war der 15. September 1935, der Tag, an dem die berüchtigten Nürnberger Gesetze erlassen wurden, die die „rassische" Ausgrenzung der Juden von Staats wegen festschrieben. Mit dem „Reichsbürgergesetz" erhielten sie einen Rechtsstatus zweiter Klasse – sie waren zwar Staatsangehörige, nicht aber Reichsbürger, und diese allein verfügten über die vollen politischen Rechte –, und mit dem „Blutschutzgesetz" wurden Eheschließungen und sexuelle Beziehungen zwischen Juden und Nichtjuden verboten.

In den folgenden Monaten und Jahren wird der Spielraum für die schönfärberisch als Staatsangehörige bezeichneten Juden immer enger. Mittels diverser „Verordnungen zum Reichsbürgergesetz" werden sie zu rechtlosen Objekten von Drangsal und Verfolgung. Der Begriff „Jude" wird in diesem Zusammenhang „rechtsgültig" definiert: „Jude ist, wer von mindestens drei der Rasse nach volljüdischen Großeltern abstammt."

Die Nürnberger Gesetze hatten eine unerwartete Folge in meinem Elternhaus. Wir bekamen nämlich plötzlich so etwas wie ein neues Familienmitglied in Gestalt von „Fräulein Hedda". Wie eng und vor allem wie dauerhaft diese Beziehung werden sollte, war zu der Zeit noch nicht abzusehen.

7

Wieder einmal kam Verschiedenes zusammen. Mein Bruder musste sich nach einer Krankheit etliche Monate in einem Sanatorium in den Bergen aufhalten. Mit elf Jahren war er zu jung, um allein mit seinem Heimweh fertigzuwerden. Unsere Mutter wollte ihn für einige Zeit besuchen, um ihm das Leben leichter zu machen. Nur: wohin mit der Kleinsten, der noch nicht mal ein Jahr alten Cornelia?

Während die Eltern noch hin und her überlegten, wie dieses Problem am besten zu lösen sei, erschien eine Bekannte bei meiner Mutter und fragte, ob sie nicht eine zuverlässige, kindererfahrene Frau in ihrem Haushalt brauchen könne, die gerade dringend nach einer Stelle suche. Auf keinen Fall wolle sie aber in eine Nazifamilie. Es war niemand anderes als eben „Fräulein Hedda".

Mehr als zwanzig Jahre hatte sie im Hause des angesehenen Rechtsanwalts und Notars Dr. Leopold Samolewitz geholfen, die beiden Söhne Kurt und Hans-Werner großzuziehen. Hedda war mit fünfzehn Jahren von der Volksschule, wie man damals sagte, aus Görlitz in die Großstadt Berlin gekommen und hatte zunächst eine Stelle als „Dienstmädchen" gefunden. Ihr Talent für Kinder wurde erst später offenbar. 1915, ein paar Monate vor der Geburt des zweiten Samolewitz-Sohns, kam sie zu der großbürgerlichen jüdischen Anwaltsfamilie in die Bayreuther Straße im Berliner Westen. Sie fühlte sich sehr wohl dort – den Vater bewunderte sie, und sie himmelte ihn wohl auch ein bisschen an, die kunstsinnige Mutter bewunderte sie etwas weniger, dafür respektierte sie sie uneingeschränkt, die Söhne aber liebte sie über alle Maßen. „Meine Jungens“ waren das für sie. Ihr Leben lang. Hedda hat nie eigene Kinder gehabt, und sie hat auch nicht geheiratet. Und das, obwohl ihre „Herrschaft“ sie immer wieder eindringlich dazu ermuntert hatte, unter die Leute zu gehen. „Auf dem Wickeltisch von Hans-Werner werden Sie keinen Mann finden!“, bekam sie zu hören. Aber der „Wickeltisch“ und alles, was dazugehörte, muss ihr wohl mehr bedeutet haben als alle Tanz- und Ausflugslokale.

Die Nürnberger Rassengesetze waren schuld daran, dass dieses harmonische Arbeitsverhältnis ein abruptes Ende fand. Sie untersagten es nämlich weiblichen „arischen“ Personen unter fünfundvierzig Jahren, in einem jüdischen Haushalt zu leben, zu dem ein Mann gehörte. Der Staat war sehr darauf bedacht, jede Möglichkeit zur „Rassenschande“ vermieden zu sehen …

Und so kam Hedda Rathsack zu den Helmrichs. Allerdings mochte sie sich nicht gleich wieder in ein festes Arbeitsverhältnis begeben und bestand darauf, zunächst nur vorübergehend auszuhelfen. Dieser Status des Vorübergehenden wurde eigenartigerweise niemals ausdrücklich aufgehoben. Als Gegenstand gelegentlicher Frotzeleien tauchte die „vorübergehende Hedda“ durch die Jahre immer einmal wieder auf, denn dieser vertragslose Zustand hielt an bis zu ihrem Tode im Jahr 1975. Bis zu ihrem Ende ist sie unserer Familie treu geblieben und die Familie ihr. Sie hat noch meine eigenen Söhne erlebt und geliebt, und genauso wurde sie von ihnen geliebt. Ein besonderes spätes Glück für die alte Frau, denn „Jungens“ waren ihr sehr viel lieber als Mädchen. Pech für mich.

Die Tatsache, dass Hedda auf keinen Fall bei einer Nazifamilie arbeiten wollte, passte natürlich gut zu ihrer neuen Umgebung: So wenig sie es nach ihrer glücklichen Zeit bei den Samolewitz’ ertragen hätte, in einer antisemitischen Familie zu leben, so ausgeschlossen wäre es für meine Eltern gewesen, jemanden unter ihrem Dach aufzunehmen, der ihre Gesinnung und ihre Aktivitäten missbilligt oder gar verraten hätte.

Die Planungen für den 9. November 1938 unterlagen strengster Geheimhaltung. Dennoch muss etwas durchgesickert sein. Der Portier des Hauses, in dem die Familie Samolewitz wohnte, hatte sie gewarnt: Es sei „etwas Größeres" gegen die Juden im Gange – das habe er in seinem Nebenerwerb als Gepäckträger am Bahnhof Zoo aus einem Gespräch zweier Reisender aufgeschnappt. Auch die Helmrichs hatten vage Hinweise auf eine bevorstehende „Aktion" erhalten, aber was genau geschehen würde, wussten wohl nur die Eingeweihten. Jedenfalls rief Eberhard am 8. November, einen Tag vor der berüchtigten „Kristallnacht", das Ehepaar Samolewitz an, das er persönlich nur flüchtig kannte, durch Heddas Schilderungen aber umso besser, und forderte sie auf: „Packen Sie ein kleines Köfferchen und kommen Sie zu uns – und stellen Sie jetzt keine weiteren Fragen, ich erkläre es Ihnen, wenn Sie hier sind." Seine Stimme wird dringlich geklungen haben, denn das Ehepaar stand bald darauf vor der Tür des Hauses in der Westendallee und blieb für einige Tage dort. Die beiden Söhne waren zu dieser Zeit schon im Ausland. Auch ein Dr. Rosenfeld fand in jenen Tagen Unterschlupf und Schutz bei den Helmrichs und entging damit seiner Deportation ins Konzentrationslager Sachsenhausen. (Später ist es ihm gelungen, nach Buenos Aires auszuwandern; mehr weiß ich nicht darüber.)

Meine Mutter freute sich immer an den „Gummiwänden" ihres Hauses, das sich je nach Bedarf vergrößern ließ. Eigentlich war es ein eher bescheidenes Reihenhaus – von der Straße aus gesehen zweistöckig, aber da es auf einer Schräge stand, hatte es vom rückwärtigen Garten aus gesehen ein Stockwerk mehr. Zusätzlich gab es zwei Zimmerchen im teilweise ausgebauten Dachgeschoss, die man auch nur von der Gartenseite her ausmachen konnte.

Was die NS-Propaganda als „spontanen Volkszorn" ausgab, war in Wirklichkeit ein reichsweit organisierter antijüdischer Pogrom. In ganz Deutschland werden in dieser Schreckensnacht Wohnungen, Geschäfte und Gebetshäuser verwüstet und geplündert, weit über hundert Menschen ermordet. In Berlin richten SA-Trupps und Angehörige der Hitlerjugend besonders verheerende Zerstörungen in den Geschäftsgegenden am Kurfürstendamm, Unter den Linden und in der Potsdamer Straße an. Auch die Berliner Bevölkerung beteiligt sich an den Plünderungen. Synagogen werden angezündet, jüdische Einrichtungen wie die Poliklinik der Jüdischen Gemeinde am Alexanderplatz oder die Volksschule in der Choriner Straße vollständig demoliert. Während dieser langen Nacht des Entsetzens und der Schande werden in der Hauptstadt zwölftausend jüdische Männer verhaftet. Einige, vor allem Ältere, sterben noch vor dem Transport ins KZ Sachsenhausen an Schlaganfällen oder an den Folgen von Misshandlungen, andere verlieren ihr Leben im KZ, und viele von denen, die nach einigen Wochen entlassen werden, sind so krank oder so schwer verletzt, dass sie sich im Jüdischen Krankenhaus behandeln lassen müssen.

Die „Kristallnacht" markierte auch einen Wendepunkt im Leben meiner Eltern. Es war meines Wissens das erste Mal, dass bedrohte Menschen in ihrem Haus Zuflucht und Schutz fanden. Die Hilfe für Verfolgte oder, aus einem anderen Blickwinkel gesehen, die aktive Gegnerschaft gegen Regierung und herrschende Ideologie hatte eine neue Dimension erreicht.

In diesen Wochen muss Donata und Eberhard immer klarer geworden sein, dass es an der Zeit war, eine grundlegende Entscheidung zu treffen. In einfachen Worten ausgedrückt, ging es um die Frage: weitermachen mit den widerständischen Aktivitäten oder stillhalten und das Ende des „Tausendjährigen Reiches" abwarten? Hilfe zu leisten für die verfemten und verfolgten Juden war für viele Gegner des Regimes die einzige Möglichkeit, ihrem Widerstand Gestalt zu geben. Wer Familie hatte, geriet dabei in ein unauflösliches moralisches Dilemma. Der Wunsch, eine verfolgte Person zu schützen, stand im Widerspruch zur Verantwortung und zu dem Bestreben, die Angehörigen nicht zu gefährden. Beides gleichzeitig war nicht zu erfüllen, weil eines das andere ausschloss. So mussten meine Eltern die Wahl treffen, ob sie den eigenen Anstand retten oder ihn der Sicherheit für sich selbst und ihre Kinder opfern wollten.

8

Die Familie Samolewitz ist dem großen Morden entkommen. Wenn „Glück“ das Gegenteil von „Unglück“ ist, dann konnten diese vier Menschen von Glück sagen. Aber wer macht sich Gedanken über die schmerzvollen, tiefen Einschnitte in die Lebensläufe dieser Generation (der jüdischen und auch der nichtjüdischen), wer malt sich den totalen Umbruch, den Einbruch aller Zukunftshoffnungen aus?

Kurt Samolewitz, der älteste Sohn, hatte bereits 1934, im Alter von einundzwanzig Jahren, sein Jura-Studium aufgegeben und Deutschland verlassen, um die Hotelfachschule in der Schweiz und anschließend in England zu besuchen. Von dort war er 1936 nach Palästina ausgewandert. Er ging nach Jerusalem, wo er Arbeit in seinem erlernten Beruf fand.

Hans-Werner, der um zwei Jahre Jüngere, lebte und arbeitete von 1936 an in der Tschechoslowakei. Im August 1938 besuchte er seine Eltern – gegen deren ausdrücklichen Willen – ein letztes Mal in Berlin, im November desselben Jahres ging er von Prag aus nach London.

Sehr viel später erst, im Jahr 2001, hat er für seine eigenen Kinder und Enkel und für die seines inzwischen verstorbenen Bruders Kurt über das Leben der Eltern berichtet. In einem Büchlein hat er aufgeschrieben: „Als Poldi [so wurde der Vater genannt] sein geliebtes Deutschland 1939, kurz vor dem Ausbruch des Zweiten Weltkrieges, mit seiner Frau verlassen musste, ließ er das angenehme Leben der gehobenen deutschen Mittelschicht hinter sich, und beide kamen mit nur zehn Mark in der Tasche in Palästina an. Da mein Vater absolut gesetzestreu war, hatte er weder ein geheimes Konto in der Schweiz noch Zugang zu anderem ausländischem Geld.“

Die Aufzeichnungen hatte schon der Vater begonnen, und zwar 1956, drei Jahre vor seinem Tod in Jerusalem, wo er die letzte Zeit seines Lebens verbracht hatte. Der Sohn fand vier eng beschriebene Notizbücher mit Erinnerungen, auf Deutsch und in Sütterlin-Schrift verfasst, im Nachlass seines Vaters, die er ins Englische übersetzte und später fortführte. Leopold Samolewitz wollte seinen Nachkommen etwas über das Leben seiner Familie und seinesgleichen im Deutschland des neunzehnten und frühen zwanzigsten Jahrhunderts mitteilen, auf dass sie etwas erführen von einem versunkenen Leben vor dem mutwilligen Schnitt durch den jahrhundertelangen festen Lebensfaden. „Menschen meiner Generation sind kein Verbindungsglied mehr in einer Kette von Generationen“, so schreibt er, „die ihre Vorstellungen und Ideale von ihren Eltern und Großeltern empfangen und die sie an die nächsten Generationen weitergegeben haben. Wir sind ein ENDE, herausgerissen aus allem, was uns vertraut war, verpflanzt in ein Umfeld, wo zwar für Essen und ein Dach über dem Kopf gesorgt ist, aber das Zuhause für immer verloren bleibt. Ein Zuhause mit seinen vertrauten Erinnerungen und all den Gefühlsbindungen, die erst die Heimat ausmachen. Jedenfalls für Leute meines Alters“, fügt er hinzu. Etwas später im Text heißt es: „Wir haben versucht, unseren Kindern Werte zu vermitteln, aber es war ihnen verwehrt, ihre Erfahrungen in der gleichen ruhigen Beständigkeit zu machen, die wir gekannt hatten. Sie konnten nicht mehr auf einer Tradition aufbauen, die uns vererbt worden war. Sie sind ein ANFANG. Vielleicht werden ihre Kinder wieder in einer Atmosphäre des Beschütztseins und des Weitergebens leben können. Aber unsere Nachkommen werden die Generationen vor der ihrer eigenen Eltern nicht verstehen. Sie werden auf uns zurückblicken als etwas Unbekanntes, auf Menschen aus einer anderen Welt.“

Leopold Samolewitz war Soldat im Ersten Weltkrieg gewesen, er hatte in einem bayerischen Regiment gedient, und er war seinen eigenen Worten nach stolz darauf gewesen, sein Vaterland zu verteidigen. Aus dem Krieg brachte er eine damals inoperable Kugel im Bein, ein lästiges Asthma und das „Eiserne Kreuz“ mit nach Hause. Er und seine Frau Else legten großen Wert darauf, das Leben einer modernen, aufgeklärten, deutschen Familie zu führen. Die Jungen mussten viel Sport treiben, und der Vater hörte es nicht gern, wenn jiddische Wörter in die Unterhaltung eingestreut wurden. Es gab gute Schulen für die Söhne, anregende Gesellschaften und ein Sommerhäuschen in Werder am Glindower See – bis Adolf Hitler ihnen ihr deutsches Leben wegnahm.

Leopold Samolewitz war sechsundfünfzig Jahre alt, als er und seine Frau in Palästina eintrafen. In Tel Aviv bezogen sie eine sehr bescheidene kleine Wohnung. Er sprach kein Wort Hebräisch und nur wenig Englisch und musste von vorn beginnen. Er wollte auf eigenen Füßen stehen und nicht dem Sohn auf der Tasche liegen. Energisch begann er die beiden Sprachen zu erlernen und machte sich vertraut mit den Regeln eines ganz anderen Rechtssystems, um die entsprechenden Examina ablegen zu können. Das gelang ihm, im Gegensatz zu vielen anderen Einwanderern aus Europa, beim ersten Anlauf. Mit fast neunundfünfzig Jahren konnte er endlich wieder seinen Lebensunterhalt verdienen.

Kurt heiratete 1946 eine junge Frau aus Stettin. Rosel war als Sechzehnjährige gemeinsam mit ihren dreizehnjährigen Zwillingsbrüdern durch einen Kindertransport der „Jugend Aliyah" nach Palästina gelangt. Die „Jugend Aliyah" ist eine jüdische Jugendorganisation, die das Leben Tausender junger Juden gerettet hat. Rosels Eltern, die die Geschwister zurücklassen mussten, wurden ermordet. Unmittelbar nach der Gründung des Staates Israel änderten Kurt und Rosel ihre Namen, seither nannten sie sich Rachel und Moshe Zamir. Israel wurde zu ihrer neuen Heimat, aus der Sicht ihrer Kinder und Enkel steht das außer Frage, für sie ist Deutschland ein fremdes Land. Nur eine Tochter war kurz auf Besuch in Berlin, im Rahmen einer Europareise.

Hans-Werner wanderte nach dem Zweiten Weltkrieg von England in die Vereinigten Staaten von Amerika aus und heiratete dort, ebenfalls 1946, Eva Isaac-Krieger, die schon 1938 mit ihren Eltern von Berlin nach New York emigriert war. Die Familien Samolewitz und Isaac-Krieger hatten sich in ihrem „früheren Leben" in Deutschland gekannt. Auch diese beiden änderten ihren Namen: Aus Hans-Werner, der zu Hause „HaWe" genannt worden war, wurde „Harvey", und aus dem langen

„Samolewitz“ wurde „Samo“. Nur Eva blieb Eva, allerdings sprach man ihren Namen jetzt englisch aus. Sie sind Amerikaner – first generation. Für ihre Kinder und Enkel ist die amerikanische Staatsangehörigkeit und der „American way of life“ eine Selbstverständlichkeit, und sie können sich gar nichts anderes vorstellen. Niemand von ihnen spricht Deutsch. Hinzuzufügen ist, dass beide Familien, die israelische wie auch die amerikanische, ein sehr viel „jüdischeres“ Leben führen, als es ihre Berliner Großeltern für richtig gehalten hatten.

Die Trennung der Familie ist durch die Nationalsozialisten erzwungen worden, und sie hat den Betroffenen großen Kummer bereitet – auch wenn alles nach einem „happy end“ klingt. In den einundzwanzig Jahren zwischen dem Abschied 1938 und dem Tod seines über alles geliebten Vaters hat Hans-Werner/ Harvey die Eltern nur viermal wiedergesehen. Das Geld war knapp, das Reisen mühsamer und kostspieliger als heute, es gab keine E-Mail und kein Fax, und das Telefonieren war kompliziert und teuer. So waren es Hunderte von Luftpostbriefen, die die Mitglieder der Familie zusammenhielten und eine enge Verbindung über Tausende von Kilometern bis in die Gegenwart möglich machten. Wenn die Zamirs und die Samos heute, nach fast siebzig Jahren, ohne zu zögern sagen: „Wir sind eine glückliche Familie“, dann ist das die tröstliche, triumphierende Wahrheit.

9

Donata und Eberhard haben in den ersten Nazijahren nicht lange nachgedacht, sondern spontan gehandelt. Sie waren weder betont religiös noch besonders politisch, auch gehörten sie keinem festen Netzwerk des Widerstands an – vielleicht war das ihr Glück! Sie wollten einfach normal sein in einer Zeit, in der „die Normalität baden gegangen war“, wie meine Mutter es formulierte. Später haben es beide Eheleute fast schroff abgelehnt, als „Helden" angesehen zu werden – sie wollten ja nie welche sein.

Nun aber war eine Entscheidung fällig: weitermachen oder stillhalten und auf andere Zeiten warten? Ungefähr eine Woche lang haben sie diese Frage hin und her gewendet, haben sich überlegt, was das eine, aber auch das andere für ihre Kinder bedeuten würde, welche Auswirkungen es für ihr eigenes Leben haben könnte. Nach den Tagen des Nachdenkens war ihr Entschluss eindeutig und klar: weitermachen!

Eberhard ging später sogar so weit zu behaupten: „Von dem Moment an war es einfach." Sie waren übereingekommen, dass sie sich anstrengen, dass sie sich immer wieder aufs Neue etwas einfallen lassen müssten und sich der Bereitschaft ihrer Freunde zu versichern hätten, um möglichst „allen, die wir kennen", zu helfen. Ich weiß nicht, wer von den beiden die folgende sarkastische Rechnung aufmachte – ich schätze, es war Donata, weil es ihrem grimmigen Sinn für Humor entspricht: Sollten sie beide sterben müssen, hätten aber zuvor zwei Menschen gerettet, dann wären sie „quitt mit Hitler". Jede weitere Rettung aber schlüge als „Reingewinn" auf ihrer Habenseite zu Buche. Fest steht, dass sie dieses private Duell mit Hitler haushoch gewonnen haben. Es war ihnen jedoch nicht möglich, dies jemals als „Sieg" zu betrachten – zu viel Schreckliches war geschehen, das sie nicht hatten verhindern können. Es hat sie belastet, nicht mehr getan zu haben.

Meinen Geschwistern gegenüber hatten die Eltern nie einen Hehl aus ihrer Ablehnung gegen Reich und Führer gemacht, und so sollte es auch bleiben bis zum Zusammenbruch im Frühling 1945. Die Gefahr für sie selbst war allerdings immer bedrohlicher geworden, trotzdem fiel der lapidare Satz: „Besser, unsere Kinder haben tote Eltern als feige Eltern." Für Donata und Eberhard hatte diese Erkenntnis etwas Befreiendes, sie hatten damit eine Barriere hinter sich gelassen.

Ganz so krass wurde das vor den Geschwistern sicher nicht ausgesprochen, aber in dem Alter, in dem sie damals waren – zwischen elf und fünfzehn Jahren –, konnte ihnen das Gewicht der elterlichen Entscheidung nicht ganz verborgen geblieben sein, auch nicht der wachsende Druck auf alle Andersdenkenden. Sie müssen sich damals geängstigt haben um die Eltern, die Familie, um die Zukunft. Dennoch: Das uneingeschränkte Vertrauen, das die Helmrichs in ihre Kinder setzten, machte vieles wett. Es war ein seltenes Geschenk, und als das haben wir es alle empfunden, ein Leben lang.

Das schützte meine älteste Schwester aber nicht vor einer zeitweiligen schweren Depression. Sie wusste nur zu gut, dass man nichts sagen durfte von dem, was zu Hause gedacht, gesprochen und getan wurde, und eines Tages hielt sie die Gewissenslast, die ständigen Lügen und die wachsende Diskrepanz zwischen dem „Drinnen" und dem „Draußen" nicht mehr aus. Sie kam mit Weinkrämpfen aus der Schule und war oft krank in dieser Zeit. Für einige Monate wurde sie von der staatlichen Mädchen-Oberschule genommen und in eine Privatschule gegeben. Dort beruhigte sie sich, und als es ihr wieder besser ging, kam sie zurück in ihre alte Schule, wo sie im März 1941 ein hervorragendes Abitur machte.

Unsere Eltern haben ihren Kindern eine Menge zugemutet – dessen waren sie sich durchaus bewusst. Und weil sie zutiefst davon überzeugt waren, dass man sich jedem Einfluss der Nationalsozialisten unter allen Umständen entziehen musste, und da jeder Kompromiss für sie ausgeschlossen war, durfte es in diesem Punkt keine Geheimnisse innerhalb der Familie geben. Es war ausgemacht, dass niemand von ihnen etwa Mitglied in der NSDAP werden, aber auch keiner der sogenannten unpolitischen, in Wirklichkeit längst gleichgeschalteten Organisationen angehören durfte. Es war wohl eine den Schlaf raubende Sorge unserer Eltern, dass eines ihrer Kinder vielleicht doch der verhassten Bande auf den Leim gehen könnte. Immerhin waren die Angebote der Jugendorganisationen nicht unattraktiv: gemeinsame Ausflüge, nächtliches Lagerfeuer, Sport – viele schöne Gemeinschaftserlebnisse. Welcher Jugendliche hätte sich davon nicht angesprochen fühlen sollen? Dies genau galt es zu verhindern.

Im Kriegsjahr 1939 wurde es den Vierzehn- bis Achtzehnjährigen zur gesetzlich vorgeschriebenen Pflicht gemacht, aktives Mitglied in der

Hitlerjugend beziehungsweise, für die Mädchen, im „Bund Deutscher Mädel“, dem BDM, zu sein. Die Jüngeren zwischen zehn und vierzehn Jahren mussten zum „Jungvolk“. Verstöße konnten mit Arrest, Geldbußen und der Bestrafung der Erziehungsberechtigten geahndet werden.

„Das ist nichts für uns, da geht ihr nicht hin!“, beschieden die Eltern klipp und klar. Wie das gehen sollte? Erst einmal abwarten – und dann würde man schon weitersehen. Meine älteste Schwester erinnert sich an ihre stets wiederholte Ausrede: „Ich werde eine berühmte Pianistin und muss Klavier üben – ich habe keine Zeit.“ Eine freundliche Klassenkameradin, die es zur BDM-Führerin gebracht hatte, warnte sie eines Tages, dass demnächst „Maßnahmen gegen die Schwänzerinnen“ ergriffen werden sollten. Noch bevor das passieren konnte, handelte meine Schwester. Mit schlotternden Knien und einem dreisten Vorsatz machte sich die Siebzehnjährige auf den Weg in die Dienststelle in der Westender Platanenallee und drehte den Spieß einfach um. Sie spielte die Empörte: Niemals bekomme sie eine Einladung zu den Treffen ihrer BDM-Gruppe, das sei doch eine elende Schlamperei – sie fühle sich übergangen. Man versprach, der peinlichen Angelegenheit nachzugehen.

Als sie dann nach einigen Wochen tatsächlich die Aufforderung zu einem Treffen erhielt, entschuldigte sie sich – nunmehr sei sie in der Abiturklasse und müsse sich auf die Reifeprüfung vorbereiten. Damit war sie dem BDM entkommen.

Meine zweite Schwester litt an Gelenkrheumatismus, brauchte nicht am Sportunterricht teilzunehmen und konnte ein ärztliches Attest beibringen, dass ihr der Dienst im BDM nicht zugemutet werden könne. Inwieweit es sich dabei ebenfalls um einen vorgeschobenen Grund handelte, weiß sie heute nicht mehr zu sagen. Damit war aber auch sie aus dem Schneider.

Mein Bruder erinnert sich daran, dass er recht gern an den schönen, aufregenden Ausflügen teilgenommen hätte, aber er durfte nicht. Zwar wurden Mahnungen ausgesprochen, sogar Strafen angedroht, aber passiert ist weder ihm noch den Eltern etwas.

Mit offenkundiger Genugtuung hat Donata im April 1946 in einer schriftlichen Stellungnahme vermerkt, dass ihre Kinder „niemals an Zusammenkünften, Vorträgen, Schulungsveranstaltungen oder Aufmärschen des BDM oder der Hitlerjugend" teilgenommen hätten.

Ein paar Jahre zuvor, als die Freiheit noch in weiter Ferne lag, war das Wissen, auf der richtigen Seite zu stehen, für heranwachsende Jugendliche keine leichte Mitgift.

10

Die häufigen Auslandsreisen, die die Eltern vor dem Ausbruch des Krieges unternahmen, waren vermutlich sehr beunruhigend für meine Geschwister. Was, wenn sie plötzlich fortblieben?

Es gab eine jüdische Familie in unserer Nachbarschaft, mit der die Eltern befreundet waren – die Sternbergs. Ich erinnere mich, dass sie zwei Söhne von zehn oder elf Jahren hatten und Zwillingstöchter, die mich, die Vierjährige, unauslöschlich beeindruckt haben. Nicht nur weil sich diese beiden dunkel gelockten Mädchen, obwohl älter als ich, herabließen, mit mir zu spielen. Das Besondere an ihnen war vor allem die Tatsache, dass sie einander aufs Haar glichen und ich sie nicht auseinanderhalten konnte. Sie hießen Inge und Marianne, und ich hatte beschlossen, sie beide „Ingemanne" zu nennen. Im Plural hießen sie „die Ingemannen", und ich bettelte: „Kommt ihr morgen wieder?"

Für die sechs Sternbergs musste im Herbst 1938 schleunigst eine Möglichkeit zur Auswanderung gefunden werden, und Donata Helmrich ging planvoll ans Werk. Sie suchte das englische Konsulat auf, vorbei an den langen Schlangen von Menschen, die verzweifelt auf ein Visum hofften. Sie wolle kein Visum, sondern nur eine Auskunft – damit war sie drinnen. Sie erkundigte sich, welche Unterlagen man beizubringen und welche Voraussetzungen man zu erfüllen habe, um zunächst für die Kinder ein Einreisevisum zu erhalten. Es gab keine Zeit zu verlieren, und so wollte sie nicht riskieren, dass ihre Schützlinge ins Gestrüpp der Bürokratie gerieten und am Ende daran scheiterten. Sie erhielt die gewünschte Auskunft und machte sich auf den Weg nach England. Mit der Hilfe guter Freunde beschaffte sie für die Sternberg-Kinder Plätze in britischen Internatsschulen, was nicht einfach war, denn sie kosteten eine Menge Schulgeld. Umso glücklicher und dankbarer war Donata, als es ihr gelungen war, für alle vier Kinder selbstlose und großherzige Spender zu finden, die die Kosten übernahmen. Damit waren jedoch noch nicht alle Schwierigkeiten aus dem Wege geschafft, denn sie musste darüber hinaus nachweisen, dass auch in den langen Ferienzeiten, wenn die Schulen geschlossen waren, für die Kinder gesorgt – und bezahlt – wurde. Andernfalls drohte das ganze Vorhaben fehlzuschlagen. Zum Glück konnte auch dieses Problem gelöst werden. Captain Foley, britischer „Passport Control Officer", stellte in Berlin die Visa für die Ingemannen und ihre Brüder aus. Der Name dieses Mannes hatte sich offenbar als Geheimtipp in Berlin herumgesprochen, allerdings ist der Umfang seiner lebensrettenden Wohltaten erst viel später bekannt geworden. Frank Foley arbeitete für den britischen Geheimdienst; seine Tätigkeit als Offizier für Passangelegenheiten an seiner Botschaft war nur Camouflage. Er nutzte seine Position, um vielen verfolgten Juden Visa für England auszustellen. Das stand im klaren Gegensatz zu den Anordnungen des britischen Innen-wie auch des Außenministeriums, die die Zahl der Einwanderer klein halten wollten, so wie fast alle anderen Staaten auch.

Im Februar 1939 brachen die Sternberg-Kinder nach England auf, wo sie ungefähr ein Jahr lang blieben. Ihren Eltern gelang die Ausreise nur noch mit knapper Not, unmittelbar vor Kriegsbeginn. Gemeinsam ist die Familie später nach Brasilien übergesiedelt.

Damit verliert sich ihre Spur. Wir haben nie wieder etwas von ihnen gehört.

11

Mit dem Überfall der Wehrmacht auf Polen am 1. September 1939, dem Beginn des Zweiten Weltkriegs, endeten nicht nur die Sommerferien der Familie Helmrich. Rascher als geplant verließen wir das Sommerquartier in Keitum auf der Insel Sylt, um zurück nach Berlin zu fahren. Großmutter Zazi verabschiedete sich bald darauf und zog nach Frankreich, wo ihr Sohn, mein Onkel Prosper, für eine deutsche Firma arbeitete. Er hatte sich entschieden, nicht nach Deutschland zurückzukehren, ging etwas später in die Fremdenlegion und nahm schließlich die französische Staatsbürgerschaft an. Unsere Großmutter, meistens geliebt, manchmal auch gefürchtet, hatte immer eine wichtige Rolle in der Familie gespielt, nun hatte sie uns verlassen. Zunächst ging sie nach Nizza, später, als Frankreich von den Deutschen besetzt wurde, nach Zürich. Es dauerte zehn Jahre, bis sie wieder nach Deutschland kam, und auch dann nur zu einem Besuch.

Die Verhältnisse änderten sich nun für die Bevölkerung Schlag auf Schlag. Es wurden Lebensmittel- und Kleiderkarten ausgegeben, es fuhren bald keine privaten Autos mehr auf den Straßen, da es Benzin nur noch mit Sondererlaubnis gab, die abendliche Verdunklung der Fenster wurde angeordnet als Schutz vor feindlichen Fliegern. Frauen wurden für die Rüstungsindustrie angeworben, Juden und „Fremdvölkische" in Lagern zur Arbeit gezwungen, „Fremdarbeiter" aus den besetzten Gebieten rekrutiert. Es war verboten, ausländische Rundfunksender zu hören.

Mit Kriegsbeginn verringerten sich die Aussichten der jüdischen Bevölkerung, den Nationalsozialisten zu entkommen, abrupt. Nur noch ganz wenigen gelang es, legal das Land zu verlassen. Am 23. Oktober 1941 wurde ein Auswanderungsverbot verhängt.

Berlin hatte die größte jüdische Gemeinde in Deutschland. Im Jahr 1933 lebten etwas mehr als hundertsechzigtausend Juden in der

Hauptstadt, das waren 3,78 Prozent der städtischen Gesamtbevölkerung. (Die allermeisten von ihnen waren deutsche Staatsangehörige – zum Vergleich: Heute leben in Berlin etwa vierhunderttausend Menschen mit einer anderen Staatsangehörigkeit als der deutschen.) Bis zum September 1939 waren achtzigtausend von ihnen ins Ausland emigriert. Die andere Hälfte, die Dagebliebenen, waren ohne Erwerbsmöglichkeiten, sie konnten nicht über ihre auf „Sperrkonten" eingefrorenen Ersparnisse oder Vermögen verfügen, wehrlos unterlagen sie den Anordnungen der Arbeitsverwaltung, und der Kontakt zur „arischen" Bevölkerung war mehr denn ja tabuisiert. Noch im Monat des Kriegsanfangs begann die NS-Führung, Pläne für die Deportation deutscher Juden in polnische Gettos zu erörtern.

Im Dezember des Vorjahres waren die letzten der ursprünglich sechstausend jüdischen Einzelhandelsgeschäfte geschlossen oder für ein Butterbrot an arische Betreiber zwangsverkauft worden. Um den ihres Einkommens beraubten Leuten nur ja keine Lücke für einen möglichen Verdienst zu lassen, war bereits im November angeordnet worden, dass es Juden ab 1. Januar 1939 untersagt sei, „auf Märkten aller Art, Messen oder Ausstellungen Waren oder gewerbliche Leistungen anzubieten".

Auf unserem Wochenmarkt in der Neuwestender Preußenallee hatte es seit Jahren einen Stand mit Süßigkeiten gegeben, betrieben von zwei älteren jüdischen Schwestern, die bei uns nur „die Fräuchen" hießen. Meine Mutter hatte regelmäßig dienstags und freitags bei ihnen gekauft. Über Nacht war ihnen die Erwerbsgrundlage entzogen worden. Aber sie gaben nicht auf – irgendwie gelang es ihnen, sich die Zutaten zur Herstellung von Süßwaren zu beschaffen, und so gingen sie in den nächsten zweieinhalb Jahren mit selbst gemachten Bonbons und Pralinen von Haustür zu Haustür und versuchten ihren alten Kunden etwas zu verkaufen. Offenbar konnten sie sich damit, wenn auch sicher mehr schlecht als recht, über Wasser halten. Sie lebten mit ihrem Bruder zusammen, einem Schneider, bei dem die Helmrichs sich jetzt Kleidungsstücke anfertigen oder ändern ließen. „Solange er noch da ist, muss man ihn unterstützen, egal wie die Sachen sitzen", hatte mein Vater entschieden.

Solange sie noch da waren? Bereits vor der berüchtigten Wannsee-Konferenz zur Vernichtung der europäischen Juden wurde von sogenannten Umsiedlungen nicht nur gemunkelt. Die Transporte ins östliche Europa begannen zu rollen.

Ein letztes Mal läuteten die „Fräuchen" im Kriegsherbst 1941 an der Haustür der Helmrichs, um ihre Ware anzubieten. Bei dieser Gelegenheit fragten sie meine Mutter, ob sie ihnen wohl einen Gefallen tun würde. Aus einer Tasche holten sie eine kleine Waage, Zellophantüten und Gummibänder hervor, alles seltene Kostbarkeiten in dieser Zeit. Ob sie diese Sachen wohl vorübergehend hier lassen dürften, ob meine Mutter sie für sie verwahren könnte, bis sie wiederkämen? Sie erklärten, ihr Bruder und sie hätten ein Behördenschreiben erhalten, in dem ihnen mitgeteilt worden sei, dass sie Berlin mit einem Transport zu verlassen hätten.

Die drei Geschwister waren vermutlich unter jenen 4200 jüdischen Berlinern, die mit einem der ersten Deportationszüge, die vom 18. Oktober 1941 an den Bahnhof Grunewald in Richtung Osten verließen, nach Łódź verschleppt wurden.

Viel später habe ich meine Mutter einmal gefragt. „Hättest du sie nicht irgendwie retten können?" – „Nein, das ging nicht – man konnte eben nicht alle retten!" Ihre Verzweiflung über die eigene Hilflosigkeit, aber auch über das Unverständnis der jungen Tochter war offenkundig. Es klingt vielleicht verrückt oder sentimental oder abergläubisch: Die Schätze der „Fräuchen" hat sie aufgehoben – sie hat es nicht über sich gebracht, sie in den Müll zu werfen. Und heute liegen die kleine Waage, die Zellophantüten und die alten Gummibänder in einer Schachtel auf dem Speicher meiner ältesten Schwester.

Einschulung in Berlin, 1941

12

Im September 1941 kam ich in die Schule. Es gibt neben dem oben gezeigten ein leider unauffindbares obligates Einschulungsfoto, auf dem zwei dünne, kleine Mädchen mit Zahnlücken und Schultüten zu sehen sind, die vor ihrem wuchtigen Schulgebäude in der Leistikowstraße stehen – meine beste Freundin Margrit und ich.

Jedes Kind ist aufgeregt an diesem Tag, denn etwas Neues beginnt, und unerträglich viele Erwachsene erzählen einem mit wissender Miene, dass nun der Ernst des Lebens anfange. Jedenfalls in meiner Kindheit gab es diese Sprüche. Für mich, die sechsjährige Cornelia, hatte die Floskel vom Ernst des Lebens eine viel weiterreichende und tiefer gehende Bedeutung, als es sich die meisten Sprüchemacher ausmalen konnten.

Meine Mutter war nämlich der Meinung, es sei an der Zeit, mich ins Vertrauen zu ziehen, mich gewissermaßen in das politische Familiengeheimnis einzuweihen. Ebenso wie meine großen Geschwister sollte

Cornelia Helmrich,
Sommer 1936 auf Sylt

Cornelia Helmrich,
Berlin, dreißiger Jahre

ich gewappnet sein, bevor ich durch die Schule neuen Einflüssen ausgesetzt wäre. Ich musste den Schutzraum meines Zuhauses, der befreundeten Familien und der Kinder, mit denen ich spielen durfte, verlassen und bedurfte daher anderer Schutzmechanismen, wie die Eltern fanden. Die Situation ist mir unvergesslich.

Meine Mutter forderte mich zum Spaziergang in einem nahe gelegenen Park auf, was ungewöhnlich genug war – da sie nur wenig Zeit für mich hatte, tat sie das so gut wie nie, und ich vermute, sie hatte ohnehin schon damals keine rechte Neigung, spazieren zu gehen. Ich spürte, dass es einen besonderen Anlass geben musste, und war sehr gespannt. Wie beginnt man, wenn man einem Kind etwas sehr Wichtiges erklären will, das es eigentlich noch nicht verstehen kann? Enttäuschenderweise leitete die Mutter ihre Rede mit allgemeinen Bemerkungen über die Schule und die Lehrer und die anderen Kinder ein, und ich wunderte mich, dass ausgerechnet sie von diesem langweiligen Zeug sprach. Aber dann kam die Botschaft: Ich würde in der Schule Dinge hören, mit denen sie und mein Vater ganz und gar nicht einverstanden seien. Ich dürfe kein Wort davon glauben! Aber ich hätte zu schweigen! Unter allen Umständen! Um mir den Ernst unserer Situation „kindgerecht“ einzuprägen, hat sie ein Märchen der Gebrüder Grimm neu erfunden oder zumindest höchst eigenwillig verändert: das Märchen vom „König vom goldenen Berg“. Der sei sehr böse gewesen, sagte sie, und habe keine Widerrede geduldet. Wenn es aber doch einer wagte, dann erzürnte er sich und schrie: „Alle Köpfe runter, nur meiner nicht!“, und es geschah, was er befahl. „So einer regiert jetzt unser Land, und er heißt Adolf Hitler“, und die Mutter erklärte mir, dass alles, was zu Hause bei uns gesprochen werde, König Hitler überhaupt nicht gefiele, wenn er es erführe. Und da sie und mein Vater gern ihre Köpfe behalten wollten, müsse ich verstehen – dafür sei ich nun alt genug –, dass ich nichts sagen dürfe, ebenso wenig wie meine Geschwister, die wüssten nämlich längst schon Bescheid. „Zu Hause darfst du alles sagen, das tun wir auch. Aber zu niemandem sonst!“ Ich versprach es ihr feierlich.

Wie fühlt sich eine Sechsjährige, der man ein derart wichtiges Geheimnis anvertraut, der man eine so große Verantwortung auferlegt? Wohl habe ich damals begriffen, dass es ernst und wichtig war, was die Mutter mir da mitgeteilt hatte, aber die volle Dramatik der Situation habe ich natürlich nicht ermessen können. Ich erinnere mich aber gut daran, dass ich ungeheuer stolz darauf war, mit einem Mal gleichsam in den Stand der Erwachsenen erhoben worden zu sein. Es war aufregend, es war spannend, und ich fühlte mich allen anderen Kindern überlegen. Und selbstverständlich waren meine Eltern in meiner Fantasie die guten Könige, die strahlenden Ritter, die aller Unbill zu trotzen wagten und am Ende reich belohnt und mit Ehren überhäuft vor aller Augen stehen würden … So geschah es in den Märchen.

Ich war nun neugierig, was ich in der Schule hören würde und was es wohl sein mochte, was meine Eltern so falsch fanden. Denn richtig vorstellen konnte ich es mir nicht.

Zunächst unterschied sich unser Unterricht durch nichts von dem anderer Erstklässler zu anderen Zeiten – außer dass wir nicht „Guten Morgen“ sagten, wenn die Lehrerin die Klasse betrat, sondern „Heil

Hitler!" Nach und nach fielen mir allerdings einige Dinge auf – so lernten wir Lieder, die ich von zu Hause nicht kannte. Und ich kannte viele Lieder, weil ich gerne sang! Wir mussten in Reih und Glied durch unsere Turnhalle marschieren und „Wir sind des Führers jüngste Schar, Heil! Adolf Hitler, dir …" singen. Ich erinnere mich noch genau an ein Spottlied, das mir gut gefiel, weil es eine so flotte Melodie hatte. Der Text sagte mir nichts, aber ich weiß ihn noch Zeile für Zeile:

„Töff, töff, töff – wer kommt da angefahren?
Töff, töff, töff, in seinem Kinderwagen?
Töff, töff, töff – wo will der Jude hin?
Er will wohl nach Jerusalem, wo alle Juden sind."

Auf dem Heimweg von der Schule sang ich mit den anderen Kindern dieses Liedchen lauthals und fröhlich, immer wieder von vorn, in einer Art Endlosschleife, weil es uns Spaß machte. Als ich es zu Hause meiner Mutter vorsang, gab es ein Donnerwetter, und sie erklärte mir, warum ihr das Lied ganz und gar nicht gefiel. Vermutlich deswegen hat es sich mir so unvergesslich eingeprägt.

Im Laufe der Monate hörten wir zwischen Rechnen, Schreiben und Lesen – in „Deutscher Schrift", die heute fast niemand mehr lesen kann – immer mal wieder etwas über Adolf Hitler und seine tapferen Leute von der SA, wir erfuhren von einem toten jungen Mann namens Horst Wessel, und wir lernten „sein" Lied, das Horst-Wessel-Lied. „Die Fahne hoch, die Reihen fest geschlossen …" Das Lied wurde zur zweiten Nationalhymne erhoben, und man hörte es überall. Unsere Lehrerin, das weißhaarige Fräulein Seek, war wohl eine jener unzähligen sentimentalen Frauen, die für Hitler schwärmten. Sie war eine „überzeugte Nazisse", wie der Vater meiner Freundin Margrit erklärte, der gern mit ihr stritt. Denunziert hat sie jedoch niemanden, obwohl sie Gelegenheit dazu gehabt hätte.

Dies alles prallte an mir ab. Ich fühlte mich erhaben und dachte: „Ätsch, ich weiß es besser als ihr." Und ich schwieg eisern.

Etwas anderes war schwieriger. Immer öfter war vom Krieg die Rede und von der „Front", worunter ich mir nichts Genaues vorstellen konnte. Mitunter hieß es, jemand sei „gefallen", und ich verstand, dass dies bedeutete, er sei tot und würde nicht mehr nach Hause kommen. Das machte mir Angst. Die meisten Väter meiner Mitschülerinnen waren als Soldaten eingezogen, mein Vater zwar auch, aber er war zu alt, um an die Front geschickt zu werden. Und mein Bruder war noch zu jung – er war siebzehn und ging auf das Gymnasium.

Es war ein Zwiespalt der Gefühle: Hitler war der böse König und schuld am Krieg – aber die Feinde schossen die Väter der Schulkameradinnen tot. Ich weiß, dass es einen einzigen Moment gab, in dem ich Gefahr lief, mein unerschütterliches Schweigen zu brechen. Ein Mädchen aus meiner Klasse, Marion, wohnte nur ein paar Häuser von uns entfernt in der Westendallee, wir hatten also einen gemeinsamen Heimweg von der Schule. Eines Tages erzählte sie mir, dass ihr Vater nun „im Krieg" sei, und ich spürte, wie traurig sie war. Als wir schon fast zu Hause waren, durchfuhr mich der Gedanke, sie zu fragen, ob ihre Eltern eigentlich den Hitler mochten, um ihr anzuvertrauen, dass meine ihn jedenfalls nicht leiden konnten. Irgendetwas hielt mich in letzter Sekunde davon ab, mein gegebenes Wort zu brechen, und ich zog es vor, doch lieber erst einmal meine Mutter zu fragen. Zum Glück schimpfte sie nicht mit mir, aber sie sagte klipp und klar, für Marion gelte dasselbe wie für alle anderen Fremden. Es müsse mir doch aufgefallen sein, dass sie Marion niemals zu uns zum Spielen gebeten habe? Na also! Sehr wahrscheinlich sei die Familie sowieso Nazi! Damit hatte es sich. Meine Spielkameradinnen und Spielkameraden wurden handverlesen, wie es früher viel üblicher war als heute. Dabei spielte aber weniger die soziale Schicht als Kriterium eine Rolle, sondern vor allem die politische Einstellung der Eltern. Man musste sicher sein, mit wem man umging, das galt auch für die Kinder.

13

Noch bevor ich in die Schule kam, hatte es weitere Veränderungen in unserer Familie gegeben. Eine Woche nach ihrem Abitur im März 1941 wurde meine älteste Schwester für ein Jahr zum „Reichsarbeitsdienst" geholt. Das war natürlich eine Zwangsveranstaltung, der man sich nicht entziehen konnte. Die jungen Frauen, „Arbeitsmaiden" genannt, wurden zur Hilfe in der Landwirtschaft oder zu anderen Tätigkeiten abkommandiert. Sie lebten in Lagern und schufteten, und zum Freizeitvergnügen luden die Führerinnen ab und zu junge Soldaten oder SS-Männer ein. Diese „Boy-meets-girl"-Aktionen gehörten zum Programm, das Zusammensein wurde gefördert, und manchmal hatte es den Anschein, als sollten diese Treffen auch dem Fortbestand der germanischen Rasse dienen.

Meine von mir sehr geliebte Schwester war nun fort, und mit ihr das Klavierspiel, das ich besonders abends, beim Einschlafen, vermisste. Es war stiller geworden bei uns. Obwohl immer noch täglich Leute ein- und ausgingen. Aber es gab keine Musik mehr.

Die zweite Veränderung betraf meinen Vater – im Frühsommer 1941 wurde er zur Wehrmacht eingezogen. Eines Tages stand er plötzlich in einer grauen Uniform vor mir in unserem Esszimmer. Er gefiel mir in diesem ungewohnten Aufzug. „Habe ich jetzt einen Vater Soldat?", fragte ich. Er lächelte sein leises Lächeln und sagte nur: „Ja." Es klang matt und gar nicht begeistert. Müsse er jetzt fortgehen, und würde er dann nicht einmal an den Sonntagen zu Hause sein? Nein – in der nächsten Zeit gehe das sicher nicht. Er müsse jetzt weit weg, nach Polen. Aber er werde gewiss auch irgendwann auf Urlaub zu uns nach Berlin kommen. Urlaub – das war das Wort, das die Großen für „Ferien" benutzten.

Meine Gefühle schwankten zwischen dem Stolz auf den schönen Vater Soldat und der Angst vor einer langen Trennung. Als meine

Mutter in der Tür erschien und ich ihr Gesicht sah, zerrann mein Stolz, denn da war nicht die geringste Spur eines Lächelns auszumachen, nicht einmal das kleinste spöttische Fünkchen in ihren Augen – sie war einfach todunglücklich.

Für mich bedeutete der Abschied des Vaters das Ende unserer Ausflüge aufs Land, kein „Schultertragen" in zwei Metern Höhe mehr, kein Trost, kein gutes Zureden, wenn ich mich ungerecht behandelt fühlte, kein liebevolles Streicheln. Als ich ihn das nächste Mal sah – nach Monaten? nach einem Jahr? –, da waren seine blonden Haare schlohweiß geworden.

Eberhard Helmrich wurde als Wehrmachtsoffizier ins besetzte Polen geschickt und im Kreis Drohobycz für landwirtschaftliche Aufgaben eingesetzt. Er bezog das Haus des Architekten Dörfler in der Sienkiewicz-Straße, das ihm zugewiesen worden war. Die rechtmäßigen Bewohner hatten ihre Sachen packen und binnen vierundzwanzig Stunden das Haus räumen müssen. Später, nach Kriegsende, berichtete mein Vater, es habe in der ersten Zeit, als die Wehrmacht in diesem Gebiet verantwortlich für die Verwaltung war, bis auf eine Ausnahme, in Borisław, keine Verfolgungen gegeben. Das sollte sich mit dem Eintreffen der Gestapo und der SS schlagartig ändern. Die Zeit des Terrors und der totalen Recht- und Gesetzlosigkeit begann. Verhaftungen, Massenerschießungen und „Aktionen" waren an der Tagesordnung, bis im Zuge der „Endlösung" die Massendeportationen in die Vernichtungslager das Schicksal der galizischen Juden besiegelten.

Helmrich blieb nicht lange bei der Wehrmacht, sondern wurde als Zivilangestellter des Generalgouvernements geführt und leitete als Kreislandwirt die Abteilung für Ernährung und Landwirtschaft. Seine Vorgesetzten, die in der sechzig Kilometer entfernten galizischen Hauptstadt Lemberg stationiert waren, bedrängten ihn mehrfach, Mitglied der NSDAP zu werden, was er ablehnte. Seine Begründung, er habe „religiöse Bedenken", und im Übrigen müssten die Herren entscheiden, ob sie einen Fachmann für Landwirtschaft haben wollten oder einen Parteigenossen, lag vermutlich nicht im Rahmen der üblichen Verhaltensmuster. Erstaunlicherweise wirkte seine Antwort dennoch – man ließ ihn bald in Ruhe mit der Bemerkung: „Hauptsache, der Kreis ist in Ordnung.“ Damit war die Versorgung mit Lebensmitteln gemeint, und die spielte für die deutschen Besatzer eine wichtige Rolle. Für die einheimische polnische, ukrainische und jüdische Bevölkerung sollte sie zumindest geregelt werden.

Drohobycz ist eine kleine, heute zur Ukraine gehörende Stadt im östlichen Galizien, an den nördlichen Ausläufern der Karpaten gelegen. Im elften Jahrhundert gegründet, entwickelte es sich vom vierzehnten Jahrhundert an zu einem Zentrum der Salzgewinnung, noch heute findet man das frühere Stadtwappen mit neun Salzfässern auf einen Torbogen. Im neunzehnten Jahrhundert wurde im benachbarten Borisław Erdöl gefunden, und es entstand ein regelrechter „Boom“. Viele Bewohner um das „Naftarevier“ lebten fortan hauptsächlich vom Handel und der erdölverarbeitenden Industrie, obwohl die Umgebung nach wie vor durch die Landwirtschaft, durch Gutsbesitz und Bauernhöfe geprägt blieb.

Zu Beginn des vorigen Jahrhunderts hatte die Stadt Drohobycz 35 000 Einwohner, davon waren vierzig Prozent Juden, fünfunddreißig Prozent christliche Polen, und fünfundzwanzig Prozent, der Rest, setzte sich aus Staatsbürgern verschiedener europäischer Länder zusammen. Durch den Hitler-Stalin-Pakt war dieser Teil Polens an die Sowjetunion gefallen und von der Roten Armee besetzt und weidlich geschunden worden. Mit dem deutschen Überfall auf die Sowjetunion 1941 gerieten allein in Ostgalizien 530 000 Juden in die Hände der SS und ihrer Mordkommandos. Zu jener Zeit hatte diese Region die dichteste jüdische Bevölkerungskonzentration in ganz Europa. Und wie viele Juden sind übrig geblieben? Die Angaben über die Zahl der Überlebenden, die nur drei Jahre später, im Sommer 1944, durch den Einmarsch der Sowjets befreit und gerettet wurden, schwanken. Historiker schätzen, dass es etwa fünftausend Menschen waren, weniger als ein Prozent der ursprünglichen Bevölkerung. Nur ein paar Hundert sind in Drohobycz und Borisław am Leben geblieben.

Bevor Eberhard Helmrich nach Polen kam, hatte ihn das Schicksal der unschuldigen Menschen empört, denen Bürgerrechte und Besitz genommen wurden, und mit jedem neuen Vorfall von Unmenschlichkeit und Willkür war seine Gegnerschaft gegen das Regime gewachsen. Trotzdem hatte er sich das, was ihn in Polen erwartete, nicht vorstellen können. Hier hatte sich alles zum Schlimmsten gewendet.

Was würde er tun, um sich auch weiterhin „ins Gesicht sehen zu können"? Als er sich dazu entschloss, uneingeschränkte Hilfe zu leisten, wo immer es ging, wusste er, dass die Chancen 95:5 gegen ihn standen. Er hat später erzählt, wie verzweifelt einsam er war – seine Frau, die Familie, die Freunde waren weit fort. Seinen riskanten Entschluss hat er mit sich allein abgemacht, es gab ja niemanden, mit dem er darüber sprechen konnte. Die Klarheit, mit der er eine scharfe Trennungslinie zwischen sich und die Mehrheit seiner „Volksgenossen" gezogen hatte, befähigte ihn zu der Geduld, der Ruhe und Zuversicht, die die Grundvoraussetzung für erfolgreiches Handeln waren. „Nur mit dieser Gewissheit", schrieb mein Vater mir viel später in einem Brief, „konnte ich mich ‚durchschwindeln', denn das geringste Anzeichen von Furcht oder Unsicherheit hätte meinem Leben ein Ende gesetzt."

Die „Judenpolitik" nahm ihren unerbittlichen Lauf – alle jüdischen Einwohner mussten sich registrieren lassen, das Tragen des gelben Sterns wurde ihnen zur Pflicht gemacht, es folgten die Zwangsumsiedlung in enge Gettos und die Konfiszierung aller Wertsachen. Anfang Januar 1942 mussten die galizischen Juden ihre Pelze und ihre Ski für das deutsche Ostheer abliefern. Um die Abgabe zu erzwingen, hatte die Gestapo Geiseln unter den Judenräten genommen. Diese „Judenräte", eine wahrhaft teuflische Einrichtung, hatten offiziell Aufgaben wie die Bereitstellung von Arbeitskräften und die Einrichtung von Ordnungsdiensten zugewiesen bekommen. Tatsächlich aber wurden sie dazu benutzt, die ihnen vorgeblich anvertraute jüdische Bevölkerung unter Druck zu setzen. Mit anderen Worten: Sie sollten der Gestapo einen Teil der Drecksarbeit abnehmen, und häufig köderten die Deutschen sie mit Versprechungen, die später nie eingehalten wurden.

Kreislandwirt Helmrich nahm Kontakt zum örtlichen Judenrat auf, um zu sondieren, wie er am besten helfen könnte. Es entwickelte sich eine enge und lebensgefährliche Zusammenarbeit. Gestapo, Sipo (Sicherheitspolizei) und SS waren Teil der Gefahr – aber konnte man denn sicher sein, dass sich nicht auch jemand im Judenrat, in der Hoffnung auf Belohnung, als Denunziant erweisen würde? Es hat solche Fälle gegeben.

Helmrich wählte als ständigen Kontaktmann ein führendes Mitglied im Drohobyczer Judenrat aus, den früher als Rechtsanwalt tätigen Dr. Maurycy Ruhrberg. Der Hunger war neben dem Terror die fürchterlichste Geißel für die Bevölkerung. Durch Hochwasser war im September 1941 ein Teil der Ernte zerstört worden; diese Katastrophe und der kalte Winter 1941/42, im Volksmund der „Gefrierfleischwinter" genannt, forderten täglich zahlreiche Opfer. Die Juden traf es am schlimmsten. Viele brachen auf der Straße zusammen und starben an Entkräftung.

Gemeinsam mit Dr. Ruhrberg fand Helmrich einen Weg, Lebensmittel aus Armeebeständen an die Hungernden, vor allem die Kinder, zu verteilen. Ein leitender Arzt des Jüdischen Krankenhauses, Dr. Leon Miszel, suchte ihn auf und schilderte die Lage seiner Patienten: Verzweifelt versuchten er und seine Kollegen so etwas wie eine Behandlung durchzuführen, aber die meisten starben an Unterernährung. Das Jüdische Krankenhaus wurde daraufhin mit Esswaren und Milch beliefert. Natürlich war die Versorgung mit – buchstäblich – Mitteln zum Leben nicht nur unerwünscht, sie war streng verboten und musste im Verborgenen geschehen. Das hielt die Mitglieder von SS und Gestapo nicht davon ab, sich im Krankheitsfalle von den jüdischen Ärzten gewissermaßen als Privatpatienten behandeln zu lassen.

Im Frühling 1942 war ein Plan gereift, der auf den ersten Blick recht harmlos erscheinen mochte, sich aber als wirksames Instrument zur Rettung erwies. Nach vielen Gesprächen mit Ruhrberg und dem jüdischen Ingenieur Naftali Backenroth fasste Helmrich den Entschluss, eine Gartenfarm einzurichten, auf der bis zu zweihundertfünfzig junge

Leute leben und arbeiten konnten, die er auf diese Weise vor dem Getto und den ständig drohenden Verfolgungen zu bewahren hoffte. Bei der örtlichen Obrigkeit wurde die Erlaubnis eingeholt – die Aussicht auf frisches Obst und Gemüse für Gestapo, Sipo und andere Privilegierte war so verlockend, dass es Helmrich gelang, der Gestapo seine Alleinverantwortung für das Lager abzuhandeln. Die Zusage wurde gegeben, niemand würde sich in den Betrieb einmischen.

Die Wahl fiel auf Hyrawka, ein kleines, verlassenes und verfallenes Bauerngut, anderthalb Kilometer von Drohobycz entfernt. Dort gab es alte Gemäuer, Ställe für das Vieh; eine Tischlerei und neue Treibhäuser kamen bald hinzu. Alles etwas unübersichtlich, gut geeignet für ein Versteck.

Der spätere Zahnarzt und Harvard-Professor Leopold Lustig war gerade siebzehn Jahre alt, als sein Vater ihn aus dem Getto hierher brachte. Er erinnert sich: „Helmrich hatte das Gärtnereilager eingerichtet, damit die Gestapo frisches Gemüse hatte – und um uns zu retten. Wir gruben die Beete um, hin und zurück, jäteten Unkraut, noch ehe welches wuchs, schleppten Ziegel von einem Ort zum anderen. Jede Gurke und jede Tomate ging zur Zentralstelle, damit nicht aufflog, dass es in der Gärtnerei mehr Arbeiter gab als Tomaten.“ Genau genommen war Hyrawka eine Scheinfirma, ein Lager, das man nicht wirklich brauchte.

14

Der größte Nutzen der Farm war die relative Sicherheit, in der die jungen Leute dort leben und arbeiten konnten. Sie zupften nicht nur Unkraut – sie machten Scherze, sie waren fröhlich, und – es waren schließlich Mädchen und Jungen von siebzehn, achtzehn Jahren! – sie flirteten auch miteinander. Sie waren in Maßen unbekümmert.

Die Farm aber auch wirklich und immer in Ruhe zu lassen, wie man es Helmrich versprochen hatte, das konnte die Mordbande offenbar doch nicht übers Herz bringen. Während der größeren Gestapo-Razzien versuchten ukrainische Miliz und Stadtpolizeieinheiten – beide berüchtigt wegen ihrer Brutalität – immer wieder, ins Lager einzudringen und auf einfache Weise ein paar Leute gefangen zu nehmen. Alfred Schreyer, von dem noch zu reden sein wird, erinnert sich an einen Vorfall in der Tischlerei, in der er als Zwanzigjähriger arbeitete. Zwei Ukrainer kamen herein, sahen sich um und ergriffen einen alten Mann, der Holz an einer Säge zuschnitt. „Du kommst mit!", schrien sie ihn an und zogen ihn an seinem langen Bart. „Du bist zu alt zum Arbeiten!" Einer der Jungen hatte sich beim Eintreffen der Ukrainer blitzschnell hinausgeschlichen und nach dem „Herrn Major" gesucht, wie sie Helmrich nannten. Glücklicherweise war der in der Nähe, kam herbeigelaufen und herrschte die beiden Milizionäre an. Was ihnen einfiele, hier so einfach aufzukreuzen und seine Leute zu belästigen! „Den alten Juden nehmen wir mit!", erwiderten sie unwirsch und packten ihr Opfer am Arm, um ihn fortzuzerren. „Hier wird niemand mitgenommen!", donnerte der „Herr Major" und ergriff den anderen Arm des Mannes. Schreyer erzählt mir Jahre später von dem tragikomischen Handgemenge, das entstanden war: „Die Ukrainer zogen an einer Seite, Ihr Vater an der anderen, der Alte in der Mitte." Nach wenigen Sekunden gaben die beiden auf und zogen wütend von dannen. Für dieses Mal war es gut gegangen. „Wie ein Licht war er in dieser finsteren Zeit", erzählt Schreyer. „Er hat uns beschützt, er war gütig. Wenn er da war, konnten wir ruhig sein – er war wie ein Engel!" So muss er ihnen vorgekommen sein.

Während der „Aktionen" blieb Helmrich gewöhnlich Tag und Nacht im Lager, und es gelang ihm während dieser Zeit, alle Verhaftungen zu verhindern. Immer wenn Razzien bevorstanden – gerüchteweise erfuhr er vorher davon –, diente Hyrawka als Versteck für die Verwandten der Jungen und Mädchen. Sie verließen dann das Getto und blieben über Nacht oder auch länger auf der Farm. Mit Hilfe des Ingenieurs

Backenroth war ein Raum gebaut worden, der mit Steinen lose verschlossen werden konnte, sodass er nicht ohne weiteres zu entdecken war.

Dieses etwas andere Zwangsarbeiterlager gewährte vielen Zeitgewinn. Ein unschätzbares Geschenk. Zeitgewinn zur Vorbereitung der Flucht, Zeitgewinn durch Sattessen und um zu Kräften zu kommen – oder um bei Kräften zu bleiben. Dr. Miszel, der im Versteck überlebte, hat später die Überzeugung vertreten, es sei dem relativ guten Gesundheitszustand der Lagerinsassen zu verdanken gewesen, dass die meisten von ihnen die späteren schrecklichen Entbehrungen hätten überstehen können.

Im Mai 1943 kam der Befehl, die „Entjudung zügig durchzuführen". Es gab nur noch wenige lebensrettende legale Schlupflöcher in kriegswichtigen Betrieben. Helmrich gelang es, einen Teil seiner Leute bei der Raffinerie-Süd und in einer Autowerkstatt der „Karpathen-Öl" unterzubringen. Die Auflösung seiner Gartenfarm konnte er jedoch nicht verhindern. Ende des Sommers 1943 gab es sie nicht mehr.

Teil vieler Rettungsszenarien war es, Juden zu Spezialisten zu erklären, auch wenn sie keine Ahnung hatten von der Tätigkeit, für die sie angeblich so dringend gebraucht wurden. Man „reklamierte" diese Personen gegenüber SS und Gestapo und holte sie teilweise noch aus den Deportationszügen. „Man" – das steht hier für Retter wie Oskar Schindler, Berthold Beitz, Eberhard Helmrich und einige andere, die ebenso gehandelt haben.

Ein erbitterter Kampf um Zeit wurde geführt – jeder gewonnene Monat, jede Woche, ja, jeder gewonnene Tag konnte entscheiden über Tod oder Leben. Es waren verzweifelte Versuche. Und meistens blieben sie am Ende vergebens.

Das Wichtigste – und schwieriger als alles andere – war es, den verfolgten Juden zur Flucht zu verhelfen. „Papiere" gab es auf dem Schwarzmarkt zu kaufen, und Helmrich hatte darüber hinaus als leitender Angestellter der Besatzungsmacht Zugang zu Blankoformularen und Stempeln. Er hatte eine Vertrauensperson in seinem Büro: Seine couragierte süddeutsche Sekretärin Maria Jordan unterstützte ihn in seinem Tun. Ohne sie und ohne ihre Mutter, die Helmrich den Haushalt führte, wäre vieles, was er erreichen konnte, nicht möglich gewesen. Auch diese unerschrockenen Frauen gehörten zu der kleinen Gruppe der Saboteure der „Endlösung“. Auch sie setzten ihr Leben aufs Spiel.

In seinem Haus hatte „der Major“ ständig Menschen versteckt, die auf ihre Flucht warteten. Nie weniger als zwei, und mitunter waren es sogar bis zu fünfzehn Personen. Es ist nicht ohne Ironie, dass „hohe Tiere“, die der Kreislandwirt hin und wieder zu sich einladen musste, von jungen Jüdinnen das Essen serviert bekamen, die als Polinnen ausgegeben wurden.

Wie gesagt, das Schwierigste war die Flucht. Jeder Versuch wurde allein schon dadurch sehr erschwert, dass es ringsherum kein Land gab, das Flüchtlinge aufgenommen hätte. Sie mussten sich also für die Dauer der Schreckensherrschaft verstecken oder mithilfe gefälschter Papiere in einer anderen Stadt oder sogar in einem anderen Land untertauchen. Dabei stellte sich als Erstes das Problem, überhaupt aus der Stadt, in unserem Fall aus Drohobycz, herauszukommen. Die Gefahr, erkannt zu werden, war enorm, denn jeder kannte jeden. Ohne Erlaubnisschein durfte man den Ort nicht verlassen, und die ukrainische Polizei stand auf dem Bahnhof und kontrollierte die Ausweise.

Eberhard Helmrich hatte einen Ausweg ersonnen. Er und sein wagemutiger polnischer Fahrer Janek Wojnar fuhren zu zweit, jeder in einem anderen Dienstwagen, jeweils einige Flüchtlinge in Orte in der Umgebung der Stadt, wo sie als Unbekannte unter falschem Namen leben oder aber vom dortigen Bahnhof zu noch weiter entfernten Zielen gelangen konnten. „Wir fuhren mitten durch die SS-Sperren hindurch und haben ihnen freundlich zugewinkt“, erzählte mein Vater später. Menschenschmuggelfahrten unter den Augen der Mörder!

Mit der Hilfe des tapferen Janek Wojnar brachte er eine vierköpfige Familie Kilian, vormalige Gutsbesitzer, nach Ungarn, eine Frau Grauert und ihre beiden Kinder nach Italien. Ein Dr. Crailsberg, eine Tochter des Judenratsvorsitzenden Rosenblatt, die Ehefrau seines verschworenen Mitstreiters und Mitwissers Dr. Ruhrberg und mindestens weitere zwanzig Personen gelangten auf diese Weise unter falschem Namen nach Westpolen, wo sie niemand kannte, in Sicherheit.

Helmrich dachte ständig über neue Möglichkeiten der Rettung nach. Als er gegenüber Dr. Ruhrberg zum ersten Mal von einem tollkühnen Plan sprach, den er sich ausgedacht hatte, war dieser zunächst aufs Höchste alarmiert. Dieser Plan sah nämlich vor, junge Mädchen und Frauen mit falschen Papieren, als „arische" Polinnen oder Ukrainerinnen getarnt, nach Berlin zu schicken, wo seine Frau sie in Empfang nehmen sollte, um sie dann als Haushaltshilfen in deutschen Familien unterzubringen. Eine Rettung mitten im Auge des Taifuns? Ruhrberg hatte Bedenken. Aber Helmrich war sicher, dass angesichts des Arbeitskräftemangels, der in Deutschland herrschte, und der großen Zahl ausländischer „Fremdarbeiter" niemand sich die Mühe machen würde, die wahre Identität der Frauen zu ergründen. Und gerade weil niemand auf etwas derart Irrsinniges gefasst wäre, hielt er das Vorhaben für erfolgversprechend. Es gelang ihm, Ruhrberg zu überzeugen. Seine Annahme sollte sich als richtig erweisen: Alle jungen Frauen, die in den folgenden Monaten auf diese Weise gen Westen geschleust wurden, überlebten das „Dritte Reich".

15

Es war durchaus üblich, dass in unserem gastfreundlichen Haus in Berlin Besucher mehrere Tage blieben, manchmal auch länger. Das war also nichts Besonderes. Ich erinnere mich aber, dass ich doch verwundert war, als in relativ kurzer Zeit rasch wechselnde Hausmädchen zu uns kamen, die dann bald wieder verschwanden.

Da waren die Schwestern Susi und Hansi – damals hatten sie andere Namen –, die Töchter von Herrn Altmann, einem Drohobyczer Freund

und Mitarbeiter meines Vaters. Es gab Anita, Melanie und Sylvia, und es hielten sich auch junge Frauen bei uns auf, die nicht jüdisch waren, sondern aus anderen Gründen von meiner Mutter unter die Fittiche genommen wurden. Was es mit diesen Mädchen, vor allem mit den Jüdinnen, auf sich hatte, erfuhr ich erst nach dem Krieg.

Familien, die dringend eine Hilfe für den Haushalt suchten, wandten sich mitunter an meine Mutter, weil sie erfahren hatten, dass ihr Mann als Landwirt im Generalgouvernement stationiert war: „Könnten Sie uns nicht über ihn ein tüchtiges Mädchen verschaffen?" Sie waren natürlich hocherfreut, wenn ihre Bitte erfüllt werden konnte. Hocherfreut und absolut ahnungslos! Die Wahrheit über die Frauen zu verraten kam meiner Mutter selbst bei Menschen, die sie schon länger kannte, nicht in den Sinn. Sie hätte damit alle Beteiligten in große Gefahr gebracht, die Mädchen in Todesgefahr.

Die Geschichten von geglückter Rettung vermitteln heute allzu leicht ein zu oberflächliches Bild. Man kann sie eben nicht mit der Bemerkung „Ende gut, alles gut" abtun. Ein guter Ausgang – und was kann man hier schon wirklich als guten Ausgang bezeichnen? – überdeckt die Hürden, die es auf diesem Weg zu überwinden galt, und auch die Traumata, die alle, die das durchlitten haben, ein Leben lang verfolgen.

Um einen Eindruck zu vermitteln, wie viel Angst, welcher unvorstellbare Druck herrschten, will ich Susis Weg nachzeichnen.

Im Jahr 1938 hatten Susis Eltern mit ihren beiden Töchtern ihre Heimatstadt Wien verlassen, um sich in Drohobycz niederzulassen. Dort lernten sie Eberhard Helmrich schon während der ersten Tage seines Aufenthalts, im Sommer 1941, kennen. Sehr bald entwickelte sich aus ihrer Bekanntschaft ein Vertrauensverhältnis, Helmrich machte Herrn Altmann zu seiner rechten Hand auf der Gartenfarm und kümmerte sich um dessen Familie. Zu dieser Zeit war Susi noch in Lemberg, wo sie während der russischen Besatzung die Oberschule besucht hatte. Jetzt konnte sie weder vor noch zurück, denn seit die Deutschen einmarschiert waren, hatte eine jüdische Jugendliche keine Möglichkeit zu reisen, und sei es, um sich mit ihren Eltern zu vereinigen. Eines Tages läutete es an der Haustür der Familie, bei der Susi lebte. Sie öffnete, und das Blut gefror ihr in den Adern: Vor ihr stand ein hoch gewachsener Deutscher, und sie fürchtete das Schlimmste. Stattdessen stellte er sich höflich vor und sagte: „Fräulein Altmann, Ihr Vater schickt mich, packen Sie schnell ein paar Sachen, ich bringe Sie zu Ihren Eltern nach Drohobycz.“ („Er hat tatsächlich ‚Fräulein Altmann‘ und ‚Sie‘ gesagt, wie unter zivilisierten Menschen“, hat sie später erzählt.) Einige Wochen lang arbeitete Susi bei dem „Major“ im Haushalt. Als dies zu gefährlich wurde – jüdisches Personal in einem deutschen Haushalt war verboten –, zog sie zu ihrer Familie, den Eltern und der Schwester, auf die Farm in Hyrawka.

Von einem ukrainischen Bauern kaufte Helmrich Ausweispapiere, die auf den Namen „Helena Baran“ ausgestellt waren. Sie stammten von der verstorbenen Tochter des Bauern. Arische Papiere standen hoch im Kurs!

Während eines Urlaubs in Berlin besprachen meine Eltern die Fluchtidee, die Herrn Dr. Ruhrberg zunächst so erschreckt hatte. Donata willigte ein und verlor wieder einmal keine Zeit. Sie ging zum Arbeitsamt und stellte dort einen Antrag auf „Genehmigung zur Anstellung einer Fremdarbeiterin im Haushalt“. Diesen Gang muss sie des Öfteren wiederholt haben. Als Helmrich seiner Frau telegrafierte, sie möge bitte zu ihm nach Drohobycz kommen, war klar, was sie zu tun hatte. Sie fuhr nach Ostgalizien, um Susi abzuholen.

Dem jungen Mädchen wurden die schönen, starken Augenbrauen rasiert, die Haare wurden zu Zöpfen geflochten, die Beine in Schaftstiefel gesteckt. Um das Bild des ukrainischen Bauernmädchens komplett zu machen, zog sie eine bestickte Bluse an und wickelte ein buntes Tuch um die Schultern. So ungefähr alles an ihr war unecht, bis auf ihre Tränen – so sagte sie ihren Eltern und ihrer Schwester Hansi Lebewohl und stieg zitternd mit meiner Mutter in den Zug nach Berlin. Allerdings nicht – und das war die nächste Hürde – in denselben Wagen. Die deutsche Besatzer-Ehefrau musste zweiter Klasse reisen, während die Fremdarbeiterin die „Holzklasse“, den Dritte-Klasse-Wagen, zu benutzen hatte.

Zu den ersten Prozeduren in Berlin gehörte die Überprüfung im Durchgangslager Wilhelmshagen einschließlich einer „rassischen Überprüfung“ durch sogenannte Eignungsprüfer des „Rasse- und Siedlungshauptamtes“. Vor diesem Test hatte die Neunzehnjährige panische Angst, und sie sträubte sich dagegen. Da könne sie keinesfalls hingehen, man würde sie enttarnen. Meine Mutter tat alles, um sie zu beruhigen und ihr klar zu machen, dass es sich um pseudowissenschaftlichen Humbug handle. „Sie müssen dorthin! Wenn Sie es nicht tun, dann sind Sie dran.“ Schließlich fügte sie sich in das Unvermeidliche, und meine Mutter gab ihr noch den dringenden Rat, nicht aus Versehen deutsche Zahlen zu nennen, wenn sie zum Zählen aufgefordert werden sollte. Sie erklärte Susi, dass es ein Reflex sei, spontan in die Muttersprache zu verfallen, wenn es ans Zählen gehe, und dass man auf diese Weise leicht in eine Falle tappen könne.

Mag sein, dass es ihr selbst ein sichereres Gefühl gab, mag sein, dass sie Susi den Gang erleichtern wollte – Donata begleitete das verängstigte Mädchen und setzte sich in den Warteraum. Und dort wartete sie – sie wartete stundenlang und wurde immer unruhiger. Endlich, nach sieben Stunden, erschien Susi-Helena, sie hatte alle Überprüfungen mitsamt der Kopfvermessung hinter sich gebracht und war als „besonders typische Ukrainerin“ anerkannt und zur Arbeit zugelassen.

Dem Aufatmen folgte bald der nächste Schrecken. Ein Ukrainer, der Fremdarbeiterinnen aus seinem Land betreute, hatte „Helena Baran“ ausfindig gemacht, sie in der Westendallee aufgesucht und aufgefordert, an den Zusammenkünften der Ukrainer teilzunehmen. Um nicht aufzufliegen, ging sie hin, aber ihre Angst wuchs, weil sie den Eindruck hatte, dass man sie dort nur aushorchen und zu unbedachten Äußerungen verleiten wollte. Immer verzweifelter kam Susi von diesen Treffen zurück. Zur Beunruhigung trugen auch die gelegentlichen Besuche der Polizei in unserem Hause bei, die der Überprüfung der Papiere von „Fremdarbeitern“ galten.

Meine Mutter empfand großes Mitleid – aber allmählich wuchsen wohl auch ihre Befürchtungen, dass Susi die Nerven verlieren könnte und dem ständigen Druck nicht länger gewachsen sei. Es hätte also brenzlig werden können, auch für die Familie Helmrich, und das musste unter allen Umständen vermieden werden. Zumal man ihr von Partei und Obrigkeit her ohnehin nicht über den Weg traute, was die politische Einstellung betraf. Irgendein Nazibeamter hatte meiner Mutter gegenüber drohend geäußert, man wisse ja, welcher Wind im Hause Helmrich wehe, „aber leider können wir es nicht beweisen – noch nicht".

Es bot sich ein Ausweg an: Ein Ehepaar aus Babelsberg suchte eine Haushaltshilfe, wie Donata erfuhr, und so war sie dann überaus erleichtert, ihnen die „Ukrainerin Helena" schicken zu können. Die Leute waren sehr dankbar – und natürlich vollkommen arglos. Auch hier ging das alte Spiel leider weiter: Der ukrainische Betreuungsdienst lud zu seinen Treffen ein, und auch die Polizei blieb nicht untätig. Später schilderte Susi einen in ihrer Vorstellung besonders bedrohlichen Gang auf das Revier. Im Geiste hatte sie schon von allen Abschied genommen, als sie sich voller Angst auf den Weg machte – doch in Wirklichkeit waren nur ein paar Formalitäten zu erledigen. Danach konnte sie zu ihrer Arbeitsstelle zurückkehren.

So ging es mit wachsender Furcht, mit steigender Nervosität, unter immer härter werdendem Druck bis ins Frühjahr 1945 weiter. Erst die Kapitulation brachte die Erlösung.

In einem Brief an die Verwaltung von Yad Vashem schreibt Susi in den sechziger Jahren: „Es ist eine Sache, jemandem zur Flucht außer Landes zu verhelfen, aber es ist eine ganz andere Sache, eine junge Person in die eigene Familie zu bringen. Eine Familie mit vier Kindern ...", und sie fährt fort: „Wie konnte Frau Helmrich sicher sein, dass ich oder eines der anderen Mädchen, die sie aufgenommen hat, uns nicht selbst verraten würden – aus Wut, aus Angst oder weil wir überrumpelt wurden – und damit sie und ihre Kinder gefährdet hätten. Wenn ich zurückdenke, dann frage ich mich, wie sie mit dieser Sorge all die Jahre bis zum Kriegsende überhaupt leben konnte ..." Hansi war unter dem Namen „Theodosia Pankiw" ihrer älteren Schwester bald nach Berlin gefolgt. Ein Vertrauensmann meines Vaters hatte sie begleitet, und auch sie wurde nach kurzem Aufenthalt in meinem Elternhaus als Hausmädchen bei einer Familie untergebracht.

Die beiden Schwestern kamen nicht oft in das Haus in der Westendallee, weil es zu gefährlich gewesen wäre. Aber sie empfanden es doch als ihr Zuhause: „Donata Helmrich hat uns beschützt wie ihre eigenen Kinder." Sie hat die beiden Mädchen über das Leben in Drohobycz informiert und ihnen die Neuigkeiten, soweit sie aus den Briefen ihres Mannes hervorgingen, übermittelt.

Nur eine Begebenheit hat sie den beiden bis nach der Befreiung vorenthalten. Die Eltern Altmann waren an einem Tag, als „Major Helmrich" wegen einer Dienstreise Drohobycz hatte verlassen müssen, von der Gestapo abgeholt und ermordet worden.

„Als ich erfuhr, dass meine Mutter nicht mehr am Leben war, begann ich Donata Helmrich ‚Mami' zu nennen, und ich bete, dass ich das noch einige Jahre tun kann." Das schrieb Susi im Januar 1986 an eine Bekannte in den USA. Drei Monate später war „Mami" tot.

16

So klar es mir war, dass sich meine Eltern Hitler und seinem Regime widersetzten, so verborgen war mir alles geblieben, was mit Flucht, Versteckaktionen und Menschenschmuggel zu tun hatte. Meine großen Geschwister einzuweihen war natürlich nicht zu umgehen gewesen. Noch im Nachhinein bewundere ich die Klugheit meiner Mutter, die offenbar eine Grenze gezogen hat, wie weit die Belastung eines Kindes gehen darf. Vielleicht auch, wann die Gefährdung für uns alle durch eine unbedachte Äußerung zu groß geworden wäre.

Inzwischen war der Krieg auch der Zivilbevölkerung immer näher gerückt. Sie erlebte die ersten nächtlichen Bombenalarme und wurde angewiesen, einen Luftschutzraum aufzusuchen, wenn die Sirenen zu heulen begannen. Zu „Luftschutzwarten“ verpflichtete Männer mussten kontrollieren, ob diese Vorschrift auch eingehalten wurde. Unsere unmittelbaren Reihenhausnachbarn hatten sich bereits einen kleinen Bunker in ihrem Garten bauen lassen, und so wurde meiner Mutter kurzerhand beschieden, dort mit ihren Kindern bei Alarm Schutz zu suchen. Das hatte gerade noch gefehlt! Herr Sch., der Nachbar, war bei der SS – eine außerordentlich harte Probe für unsere Mutter, wie sich leicht denken lässt. Mit der gleichaltrigen Tochter Vera durfte ich tagsüber nicht spielen, aber nachts mussten wir zusammenhocken und unsere Angst teilen.

Schnell wurde der Plan entwickelt, eine Grube für einen eigenen Bunker hinten in unserem handtuchförmigen Garten auszuheben. Leider verfügte fast gleichzeitig eine Behörde – weiß der Himmel, welche! –, dass auf unserem Grundstück von Amts wegen und auf Amtskosten ein großer Schutzraum für die umliegende Bevölkerung eingerichtet werden müsse. Da es sich um ein Eckgrundstück handelte, konnte man von der Straße aus über eine Treppe in den Garten gelangen. Das war nun das Allerletzte, was die Helmrichs brauchen konnten – den ohnmächtigen Zorn meiner Mutter bekam ich ungefiltert mit. Aber es gab kein Halten – ein Bautrupp von Fremdarbeitern verschiedenster Provenienz rückte unter deutscher Aufsicht an und machte sich ans Graben. Es hätte den gesamten Garten gekostet, wenn nicht etwas dazwischengekommen wäre. Was das war, habe ich vergessen – jedenfalls nicht die Wut von Frau Helmrich. Wahrscheinlich hatte die Behörde inzwischen eine noch viel passendere, noch viel größere Parzelle gefunden. Und wie das in der Bürokratie so ist – das Loch in unserem Garten wurde wieder zugeschüttet, und der Bautrupp verschwand ebenso plötzlich, wie er erschienen war. Das einzige Überbleibsel dieser Grabeaktion war Josef, ein dicker, ruhiger belgischer Zwangsarbeiter, der bis zum Kriegsende ein höchst zuverlässiger und nützlicher Kontaktmann für verschiedene „Deals“ meiner Mutter bleiben sollte.

Schleunigst wurde ein eigener kleiner Bunker installiert. Ein Bauunternehmer aus der Nachbarschaft, Vater einer Mitschülerin meiner zweiten Schwester, realisierte seine Idee vom sicheren Schutzraum. Zwei große Betonringe, wie man sie für den Kanalbau verwendet, wurden in das Erdreich eingelassen. Man konnte nicht aufrecht in dem kleinen Raum stehen und natürlich auch keine Bänke oder Stühle hineinstellen. Der Boden wurde mit Kissen ausgelegt, auf denen wir saßen oder eher lagen. Die nahtlose runde Form, so erklärte der Baufachmann, biete den besten Schutz vor den Druckwellen der Explosionen. Damit hatte er wohl Recht. So war die Familie unter sich, manchmal teilten wir den Raum auch mit Freunden, die vom Alarm bei uns überrascht worden waren. Die Großen waren heilfroh, der SS-Familie und allen anderen Fremden entronnen zu sein.

Die Türen der Häuser und Wohnungen mussten bei Fliegeralarm stets offen sein, damit die Räume zugänglich blieben – eine sehr sinnvolle Maßnahme, um Brände schnell löschen zu können. Problematisch war es nur für Menschen, die weniger Schutz vor den Bomben als Schutz vor dem Entdecktwerden suchten.

In unserer Schule gab es Luftschutzübungen, bei denen wir Kinder von unseren Lehrerinnen in einen Bunker geführt wurden. Das war für mich sehr ungewohnt, und ich erinnere mich, zum ersten Mal richtig Angst bekommen zu haben. In unseren Unterricht flossen immer häufiger Geschichten vom Krieg und „unserer tapferen Wehrmacht" ein und, wie ich annehme, eine Menge Propaganda. Wir sangen täglich „Die Fahne hoch, die Reihen fest geschlossen …" oder „Wir sind des Führers jüngste Schar …"

Es muss im Herbst 1942 gewesen sein, als sie eine neue Aktivität für uns Schulkinder einführten. Wir wurden dazu angehalten, „Altmaterial" zu sammeln. Darunter war zu verstehen: Papier, alte Kleider und Lumpen, Knochen und – bei Weitem am wertvollsten – Altmetall. Die Direktorin kam eigens in die Klasse, um uns davon zu überzeugen, wie wichtig, genauer: kriegswichtig unser Auftrag sei. Das von den Kindern gesammelte Zeug musste in der Schule abgeliefert werden. Dort wurde es gewogen, und auf einer Liste mit den Namen aller Schülerinnen der Klasse wurden das Material und das Gewicht vermerkt, das eine jede angeschleppt hatte. Ich glaube, einmal pro Woche rief die Lehrerin alle unsere Namen laut auf und nannte das Gewicht in Pfund und Kilo, das die einzelnen Mädchen auf die Waage gebracht hatten.

Für mich entpuppte sich dieser als pädagogisch wertvolle Ansporn gedachte Namensappell zunehmend als Stunde der Scham und der Erniedrigung. Während sich andere in ihrem Sammeleifer ständig zu überbieten suchten – Ruth S.: zehn Kilo Zeitungen – Applaus – Helga F.: fünfzehn Kilo Altkleider – Applaus – Gerlinde L. – Kunstpause –: neunundachtzig Kilo Altmetall – frenetische Ah- und Oh-Rufe –, wurde ich, immer wenn „Cornelia Helmrich" an die Reihe kam, ein Stückchen kleiner, weil dann ein höhnisches „Null!" durch den Raum schallte, das ein grässliches Gelächter auslöste. Bei Maud J. hieß es zwar auch immer „null", aber das war nicht weiter schlimm, denn ihr Vater war schwedischer Diplomat, und da zählte es nicht wirklich. Ich flehte meine Mutter immer dringlicher an, sie möge mir doch – bitte! – endlich auch mal etwas mitgeben. Aber sie blieb stur und erklärte: „Für Hitler geben wir nichts!" Als ich schließlich einmal in Tränen aufgelöst von der Schule nach Hause kam und sie beschwor, mich doch wenigstens ein einziges Mal von der Schande zu erlösen, lenkte sie ein: „Also gut, wir essen am Sonntag zwei Hühnchen, da kannst du dann die Knochen mitnehmen."

Ich war erleichtert, als ich diese Reste von unserem Mittagstisch in die Schule tragen konnte. Leider dauerte das gute Gefühl nicht sehr lange an, denn als Fräulein Seek beim nächsten Mal zu meinem Namen kam und laut vorlas: „Cornelia Helmrich: dreihundert Gramm Hühnerknochen", da brüllte die ganze Klasse vor Lachen, die Lehrerin machte ein böses Gesicht, und ich fühlte mich elender denn je.

Die Geschichte hatte ein Nachspiel. Meine Mutter wurde zur Direktorin in die Schule bestellt. Mauds Mutter ebenfalls. Donata, eine begnadete Schauspielerin, wenn es drauf ankam, stellte sich einfach dumm. Sie könne es überhaupt nicht verstehen, was man uns kleinen, zarten Mädchen da aufbürde, und sie habe es lange auch gar nicht glauben mögen. „Unsere Kinder der arischen Herrenrasse sind doch etwas

Besonderes, nicht wahr?", fragte sie die Schulleiterin scheinheilig. (Diese Worte auszusprechen hat ihr ein diebisches Vergnügen bereitet!) Die aufgebrachte Pädagogin musste das bestätigen – was sonst! „Ja, und nun sehen Sie mal", fuhr meine Mutter fort, „darum verstehe ich eben nicht, wieso mein sauberes, kleines arisches Mädchen diese dreckige Arbeit machen soll!" Der Teufel muss sie geritten haben, denn sie setzte noch eins drauf: „Lumpensammler – das war doch immer die allerniedrigste Arbeit, nicht wahr, und die wurde doch nur von Juden verrichtet ..." Frau Direktor muss ein bisschen ins Schleudern gekommen sein, denn sie ging nicht mehr weiter auf das Thema ein, sondern verabschiedete meine Mutter mit der knappen Mitteilung, dass ihre Tochter Cornelia nachsitzen und hundertmal den Satz „Ich soll Altmaterial sammeln" aufschreiben müsse. Die Antwort wird nicht sehr freundlich geklungen haben: „Das wird Cornelia selbstverständlich tun, wenn Sie das für richtig halten." Maud kam ohne Strafankündigung davon – es reichte aus, dass Frau J. auf die schwedische Staatsangehörigkeit der Familie pochte.

Gespannt wartete ich zu Hause auf die Rückkehr meiner Mutter. Kaum hatte sie vom Nachsitzen gesprochen und kaum hatte ich darüber entsprechend erschrecken können, brach sie in ein herzliches Gelächter aus. „Keine Sorge, mein Kind, ich bin sicher, deine Direktorin kommt nie wieder darauf zurück, und du wirst weder nachsitzen noch diesen idiotischen Satz schreiben müssen." Ich hatte meine Zweifel, aber sie behielt Recht. Es kam genau so, wie sie gesagt hatte – offenbar hatte sie die Situation und die Dame richtig eingeschätzt.

Die Sammelaktion muss bald darauf eingestellt worden sein. Jedenfalls erinnere ich mich nicht daran, dass dieser schmähliche Wettbewerb noch lange angedauert hat.

17

Meine Freundin Ursula Klein – sie ging in die nächsthöhere Klasse – hatte mit ganz anderen Widrigkeiten zu kämpfen. Sie war ein Einzelkind, der Vater war Zahnarzt, die Mutter Hausfrau, eine gutbürgerliche deutsche Familie. Die Sache hatte nur einen Schönheitsfehler: Dr. Benno Klein war Jude. Die Familie war bald nach der Machtergreifung von Dresden nach Berlin gezogen, weil die Sachsen besonders eifrig waren und den jüdischen Ärzten schon 1933 ihre Kassenzulassung weggenommen hatten. In Berlin ging es etwas großzügiger zu, und so konnte Ursulas Vater als ehemaliger Frontkämpfer aus dem Ersten Weltkrieg nach anfänglichen Schwierigkeiten eine Konzession als „Zahnbehandler" bekommen (als Jude durfte er sich nicht mehr „Arzt" nennen) und eine Kassenpraxis in der Turmstraße im Bezirk Tiergarten eröffnen.

Das ging gut, bis er im Jahre 1938 seine Praxis schließen musste. Der Familie war die Existenzgrundlage fürs Erste genommen.

Glücklicherweise fand die Mutter eine Bürotätigkeit in einer Bank. Aber nun entstand ein neues Problem: Wohin mit der vierjährigen Tochter? Eine funktionierende Kindertagesbetreuung gab es nicht, und zu jener Zeit war es ganz unüblich, dass Väter häusliche Pflichten übernahmen. So wurde sie weitergereicht – mal zu einer freundlichen Familie, die bereit war, das Mädchen tagsüber zu versorgen, mal ins Kinderheim. Mal ging es besser, mal schlechter. Die Tatsache, dass Ursula evangelisch getauft war, machte manches leichter – für den Vater erwies sich dieser Umstand als außerordentlich segensreich. Aufgrund der christlichen Taufe lebte er nicht nur – nach der Nazidiktion – in einer Mischehe, sondern – eine Nummer besser! – in einer „privilegierten Mischehe". Zwar hatte das keinen Einfluss auf das Berufsverbot, und er unterlag ebenso wie alle anderen Juden dem Reiseverbot, das ihm untersagte, den Wohnort zu verlassen, aber solange er nicht gegen die herrschenden Gesetze verstieß, blieb er von Deportation verschont. Nach der akribisch ausgetüftelten Hierarchie der Entrechtungen blieb den dergestalt Privilegierten sogar das Tragen des „Judensterns“ erspart, das seit September 1941 allen Juden als Pflicht auferlegt worden war.

In der Schule war die aufgeweckte Ursula zunächst so etwas wie ein Klassenstar, sie beteiligte sich lebhaft am Unterricht und lernte schnell – die Freude eines jeden Lehrers. Folgerichtig wurde sie als Vorbild hingestellt, oft „drangenommen“ und gefördert. Aus heiterem Himmel, von einem Tag auf den anderen, war Schluss mit ihrer Sonderstellung. Die Lehrerin – dieselbe, mit der ich es zu tun hatte – ließ ihre Musterschülerin links liegen. Ursula war verletzt und verstand die Welt nicht mehr. Ihre Mutter suchte die Lehrerin empört auf, um zu ergründen, was geschehen war, und ihr klar zu machen, wie sehr ihr Kind unter der plötzlichen Zurücksetzung litt. „Mit Ihnen dürfte ich ja eigentlich gar nicht reden!“, gab die Pädagogin zurück und erläuterte, warum. Sie habe herausgefunden, dass die kleine Ursula eine „Halbjüdin“ sei, darum wolle sie am liebsten gar nichts mehr mit ihr zu tun haben. Schlimm genug, dass die in der Klasse sein dürfe!

Frau Klein nahm ihre Tochter von der Schule und suchte nach einer anderen Lösung. Keine leichte Aufgabe, denn die Familie war inzwischen arm. Nun musste also auch noch das Kostgeld für das Kind aufgebracht werden. Zunächst wurde Ursula bei einer Familie in Bayern, im Umland von München, untergebracht, und als das nicht mehr ging, weil es der Familie doch zu viel wurde, kam sie in ein Kinderheim nach Bad Kohlgrub, wo sie ständig gehänselt wurde als „Judenkind“ und entsprechend unglücklich war. Danach erging es ihr eine Weile besser, sie kam bei einer liebevollen Frau in Mittenwald unter – bis diese krank wurde und Ursula weitergeben musste. Das Heimweh und die Sehnsucht nach den Eltern, die sie über ein Jahr lang nicht gesehen hatte, gab es gratis dazu. Dieses wechselvolle Mädchenleben dauerte bis zum Sommer 1944, als die Mutter sich entschloss, ihre Tochter in das nahezu kinderfreie Berlin zu holen. Die meisten Schulen waren wegen der Bombenangriffe geschlossen worden, und fast alle Berliner Kinder hatten die Stadt verlassen. Sie waren entweder bei Verwandten und Bekannten auf dem Land oder in Heimen der „Kinderlandverschickung“ untergebracht. Ursula erhielt in dieser Zeit Unterricht von einem ehemaligen Lehrer, der durch seine „Mischehe“ geschützt war, aber ebenso wie ihr Vater seinen Beruf nicht mehr ausüben durfte.

Nach ihrer Rückkunft klärten die Eltern ihre Tochter darüber auf, dass ein Teil ihrer Familie „weg“ war. Die gleichaltrige Cousine – „Volljüdin“ – hatten die Nazis zusammen mit ihren Eltern nach Łódź deportiert – später wurde sie ermordet. Ihre Großmutter väterlicherseits war 1943 aus ihrer Wohnung abgeholt und in einen Waggon nach Theresienstadt verfrachtet worden. Dort ist sie nie angekommen, die alte Frau starb bereits auf dem Transport. „Ihre Mutter, die alte Judensau, ist krepiert“, teilte man ihrem „privilegierten“ Sohn auf seine Anfrage hin mit. Hoffend gegen alle Hoffnung, hatte Ursulas Großmutter, eine ehemalige Sängerin, die Lebenszuversicht nicht aufgegeben – beim Abschied rief sie einer Mitbewohnerin zu: „Und heben Sie mir bitte meine Klavierauszüge auf!“

Ursula kam in ein anderes Berlin – viele vertraute Menschen traf sie nicht mehr an, die Stadt war zerstört, das Haus, in dem sie gewohnt hatten, eine Ruine, die Familie ausgebombt wie unzählige andere auch, aber sie konnte endlich wieder bei ihren Eltern sein, die jetzt in der großen, noch intakten Wohnung der verstorbenen Großmutter lebten. Sie waren zusammengerückt und besserten das Familienbudget durch das Vermieten von Zimmern auf, bis auch diese Wohnung bombardiert wurde. Eine ihrer Wohnungsgenossinnen war allerdings nie eine „richtige“ Mieterin, sondern ein heimlicher Gast, eine untergetauchte Frau im Versteck. Ursulas Mutter nahm 1943 die junge Jüdin Steffi auf und ernährte und beschützte sie bis zur Befreiung. Kurz vor Toresschluss, im Winter 1944/45, wurde bei Frau Klein zu allem Überfluss eine schwere Tuberkulose entdeckt. Sie wagte es nicht, ins Krankenhaus zu gehen – was konnte den ihren passieren, was würde man mit ihr, der Schwerkranken, der „jüdisch Versippten“, machen? So sparte sie sich den Klinikaufenthalt für die Nachkriegszeit auf.

Das Kriegsende erlebte die Familie in einem öffentlichen Luftschutzbunker. Steffi war in eine Kleingartenkolonie ausgewichen und tauchte erst im Mai 1945 wieder auf.

Als das Leben sich zu normalisieren begann, kam Ursula ins Charlottenburger Gymnasium, wo ein Sonderkursus eingerichtet wurde für Kinder, die aufgrund ihrer „Rasse" nicht mehr richtig hatten lernen können. In der neuen Wohnung, die sie nun beziehen konnten, wurden sie von einer mürrischen Hauswartsfrau mit den Worten begrüßt: „Jetzt muss man schon mit Juden zusammenwohnen!" Daran mussten sich die ehemaligen „Volksgenossen" nun wohl oder übel gewöhnen. Den meisten von ihnen blieb es allerdings erspart, in der eigenen unmittelbaren Umgebung mit dem Umlernen zu beginnen. Sozusagen mangels Masse! Im Mai 1945 gab es nur noch etwa sechs- bis achttausend Juden in Berlin – viertausend, die als Partner in „Mischehen" davongekommen waren, knapp zweitausend Überlebende aus Lagern und etwa vierzehnhundert (heute nimmt man an, dass es doch eher mehr waren), die als Untergetauchte im Versteck oder mit falschen Papieren das rettende Ende des Krieges und des Naziterrors erreicht hatten.

18

Es war im Herbst 1942, als unsere Mutter mit meiner ältesten Schwester und mir die lange Reise nach Drohobycz unternahm, um den Vater zu besuchen. Ich erinnere mich an überfüllte Züge mit vielen Soldaten, an eine Landschaft, die ich als grau und lehmfarben empfand, und an Bahnhöfe, auf denen es von Menschen wimmelte. Je weiter wir nach Südosten kamen, desto vorherrschender wurde ein Geräusch auf den Stationen – das harte Geklapper von Holzschuhen auf steinernem Boden. In Przemyśl mussten wir umsteigen, und dort war das Klappern so laut, dass man sein eigenes Wort nicht verstand.

Menschen in armseliger Kleidung hatte ich auch in Berlin schon dann und wann gesehen, aber hier prägten sie das Bild. Die Menschheit auf den Bahnhöfen schien zweigeteilt: Da waren Männer in Uniform und Zivilpersonen in schäbigem Grau. Ich kann mich nicht an irgendetwas Farbiges erinnern.

Ich konnte es kaum erwarten, meinen Vater wiederzusehen. Ich war neugierig auf sein Haus und darauf, wie er lebte, und ich spielte das alte Fragespiel „Wann sind wir endlich da?“ schon lange bevor wir unser Ziel erreicht hatten. Mein Vater holte uns am Bahnhof in Drohobycz mit dem Auto ab, ich flog in seine Arme und war glücklich. Wir fuhren zu einem geräumigen, gelb gestrichenen Haus mit mehreren Stockwerken, das in einer ruhigen Straße mit Alleebäumen und Vorgärten stand, und ich entsinne mich, dass ich enttäuscht war, weil man mich sofort nach dem Essen ins Bett steckte.

Ich weiß nicht mehr, wie lange wir dort geblieben sind – ob es wenige Tage waren oder mehr als eine Woche. Ich habe auch vergessen, womit die Zeit ausgefüllt war und wie es in der Stadt aussah. Ich erinnere mich allerdings an einen sehr deutlichen Unterschied zwischen dem Drinnen und dem Draußen: Im Haus war es hell, sauber und angenehm, in den Straßen sah es schmutzig und ärmlich aus. Auch hier war das Geklapper der Holzpantinen allgegenwärtig. Es sind verschwommene Bilder, mehr nicht.

Drei Szenen aber haben sich mir in allen Einzelheiten eingeprägt und sind mir unvergesslich. Wir fahren mit dem Auto eine Straße entlang, da fällt mir ein sehr schmächtiges Mädchen in Lumpen auf – es war etwas größer als ich –, das in einer eigenartigen Körperhaltung mit gesenktem Kopf an einer Hauswand entlangschlurft. Wir müssen sie wohl zur gleichen Zeit bemerkt haben, denn mein Vater sagt sehr leise im Vorbeifahren zu meiner Mutter: „Die Arme ist kurz vor dem Verhungern. Wahrscheinlich lebt sie morgen nicht mehr.“ Sicher hatte ich das nicht hören sollen.

Ich war entsetzt und wie gelähmt. Ich hätte so viele Fragen gehabt: Warum verhungert sie? – Warum gibt ihr denn niemand etwas zu essen?

– Warum nehmen wir sie nicht mit zu uns? – Aber ich fragte nicht. Ich tat so, als hätte ich nichts gesehen oder gehört. Ich muss gespürt haben, dass hier etwas so Entsetzliches vorging, dass man es nicht anrühren durfte, nicht einmal im Gespräch mit den vertrauten und vertrauensvollen Eltern.

Die zweite Begebenheit dreht sich um eine Bemerkung, um nichts mehr als einen Gesprächsfetzen. Mein Vater hatte einige Leute zum Mittagessen eingeladen, und ich durfte dabei sein. Der Tisch war schön gedeckt mit einem weißen Tischtuch, und was mich besonderes beeindruckte, weil ich es nicht kannte: Es wurde serviert. Ich erinnere mich an keinen der Gäste, außer einer Frau. Sie war Polin, sprach aber fließend Deutsch, sie war jung und sehr hübsch, sie war geschminkt, hatte hochgesteckte, glänzende braune Haare und trug ein elegantes, tailliertes graues Kostüm. Im Laufe der Unterhaltung, von der ich wenig mitbekam, sagte diese schöne Dame: „Es ist furchtbar, in einem Land zu leben, in dem Babys aus dem Fenster auf Lastwagen geworfen werden." Ich erinnere mich an nichts von dem, was vorher oder nachher gesprochen wurde – nur an diesen einen Satz.

Ich versuchte ihn mir zu erklären, ich versuchte mir die Sache mit den aus dem Fenster geworfenen Babys vorzustellen, und ich fragte mich, ob ich vielleicht etwas falsch verstanden hätte. Gleichzeitig wusste ich, dass ich es ganz richtig verstanden hatte und dass es an diesem Satz auch gar nichts zum Falschverstehen gab. Ich war stumm, und ich blieb stumm. Auch später, nach dem Essen – ich habe auch dieses Mal nichts gefragt. Da war sie wieder, die Grenze des selbst aufgebauten Tabus.

Die dritte Szene war etwas ganz und gar anderes. Sie war aufregend, großartig, und sie erfüllte mich mit Freude. Mein Vater unternahm mit uns einen Ausflug zu einem beliebten Kurort in den Karpaten, nach Truskawiecz, gerühmt wegen seiner vierzehn verschiedenen Heilquellen. Wir fuhren durch die tristen Straßen der Stadt, dann vorbei an einem Gebiet mit schier endlos scheinenden Rohrleitungen – es muss ein Teil der „Karpathen-Öl" gewesen sein –, danach wurde die

Landschaft immer schöner, grüner und hügeliger. Wir machten kurz Station, ich erinnere mich nur noch an ein typisches Kurparkrondell, bepflanzt mit abgezirkelten Blumen in scheußlichen, schreienden Farben. Erfreulicherweise kehrten wir danach nicht um, sondern fuhren weiter und immer weiter in die Berge hinein. Das allein fand ich schon abenteuerlich genug, denn ich war noch nie in meinem fast achtjährigen Leben im Gebirge gewesen. Diese grün-grünen Wiesen und die hohen Tannen – ein Anblick wie aus dem Bilderbuch.

Und dann kam wieder ein Satz, der wohl nicht für meine Ohren bestimmt war. „Wir sind hier schon im Partisanengebiet – aber das macht nichts, die kennen mein Auto", flüsterte mein Vater meiner Mutter zu. Aber ich hatte es doch gehört. Partisanen? Ich hatte keine Vorstellung, was das für Leute sein mochten. Es klang spannend und geheimnisvoll, sonst hätte mein Vater ja auch nicht so leise gesprochen. Es erschien mir romantisch, und zugleich beruhigte mich seine Bemerkung – sie erkannten Vaters Auto, und deswegen hatte er nichts von ihnen zu befürchten. Mir kam es aber so vor, als hätten andere Leute durchaus etwas zu befürchten – nur mein wunderbarer, toller, geliebter Vater nicht. Und wir auch nicht, denn wir gehörten ja zu ihm! Ich sehe mich hinten im Auto sitzen – mir war heiß vor Stolz und Glückseligkeit ob meiner überraschenden Mitwisserschaft, ähnlich wie zu Hause, in der Schule, wenn ich die Naziparolen an mir abgleiten ließ in dem erhebenden Gefühl, es besser zu wissen als „die".

Wieder zurück in Drohobycz, sah ich keinen Grund, nicht zu fragen. Ich wollte wissen, was es mit diesen Partisanen auf sich hatte und wieso sie Vaters Auto kannten. Ich erfuhr, dass sie gegen die Nazis kämpften und sich deswegen in den Wäldern verstecken mussten. Man sei hinter ihnen her und würde sie töten, wenn man sie fände. Bei der Gelegenheit erfuhr ich auch, dass mein Vater sie immer wieder mit Lebensmitteln versorgte. Darum kannten sie ihn also. Kinder lieben Robin-Hood-Geschichten – und ich war tief beeindruckt. Ich wusste auch ohne Ermahnung meiner Eltern, dass ich über dieses Erlebnis und über alles, was damit in Zusammenhang stand, zu schweigen hätte.

Und ich hielt mich daran. Allerdings kam es mir nicht in den Sinn, welch ungeheurer Gefahr sich mein Vater durch solche Aktivitäten aussetzte.

Meine letzte Erinnerung an diese Reise ist ein Schlafwagenabteil mit rotem Plüsch, in dem wir zurück nach Berlin fuhren.

19

Viele Jahre später, im Oktober 2000, bin ich noch einmal nach Drohobycz gefahren. Durch eine Kette erstaunlicher Zufälle hatte ich von einem Bürger der Stadt gehört, der meinen Vater als junger Mann gekannt hatte und oft von ihm sprach, vor allem wenn Besucher aus Deutschland kamen. Es ist niemand anderes als der bereits erwähnte Alfred Schreyer. Der alte Herr mit den feinen Gesichtszügen bessert seine kärgliche Rente als Fremdenführer auf. Er zeigt Touristen und interessierten Journalisten seine Stadt und erzählt ihnen etwas über die Zeit vor dem Krieg, vor allem aber über die schrecklichen Jahre, als sich das Leben auf das Überleben reduzierte – und in den allermeisten Fällen nicht einmal das gelang.

Ich habe ihn gebeten, mich zu begleiten, und mit ihm, dem Achtundsiebzigjährigen, gehe ich durch Drohobycz und versuche, mich zu erinnern und in jene Zeit zurückzuversetzen. Mir ist alles fremd – aber, eigenartig genug, ich erkenne das Haus wieder, in dem mein Vater damals gewohnt hat. Es sieht heruntergekommen aus, der einst gelbe Anstrich ist abgeblättert und schmutzig.

Dieses galizische Städtchen muss früher hübsch, das Leben darin sehr beschaulich gewesen sein. Drohobycz ist nicht durch Bomben oder Beschuss zerstört worden, zu rasch vollzog sich die Eroberung, zu rasch auch die Rückeroberung. Es ist die Zeit, die nach und nach vieles zugrunde gerichtet hat. Auf Schritt und Tritt begegnen einem

Alfred Schreyer in Drohobycz, um 2000/2001

Verfall und bittere Armut. Der Markt am Wochenende ist gut besucht, die ganze Stadt scheint auf den Beinen zu sein, aber das Angebot ist spärlich. Es erinnert an unsere Nachkriegsmärkte in Deutschland. Und vielen der Anbieter, vor allem den Alten, steht ihre verzweifelte Lage ins Gesicht geschrieben. Viele wüssten nicht, wovon sie leben sollten, erzählt Schreyer.

Während meines Aufenthalts gab es nur zweimal am Tag Wasser – morgens und abends für jeweils drei Stunden. Die Straßenbeleuchtung ist – sofern überhaupt vorhanden – dermaßen sparsam, dass viele Gegenden am Abend und des Nachts stockfinster sind und man sich nur mit Mühe und Geschick über das demolierte Pflaster tasten kann. In den wenigen Restaurants sitzt man abends fast im Dunkeln, nur zum Lesen der kurzen Speisekarte und zum Bezahlen wird die Lampe über dem Tisch eingeschaltet.

Der triste Zustand dieser ehemals blühenden Gegend ist unübersehbar. Wer kann, schlägt sich mit Tauschgeschäften und anderen kleinen Dienstleistungen durch. Das benachbarte Polen ist ein Magnet, und solange es noch nicht EU-Mitglied ist, besteht zwischen beiden Ländern Visumsfreiheit. Junge Leute fahren mit klapprigen Bussen, die Bessergestellten mit dem eigenen Auto über die Grenze. Sie kaufen ein, was bei ihnen nicht zu haben ist, schmuggeln es in die Ukraine und verkaufen es dort mit Gewinn. Wir begegnen auch den neuen Aufsteigern, zweifelhaften „bisinessmenni" – sie sind jung, bevorzugen die Farbe Schwarz für ihr Outfit, am liebsten in Leder, und sie tragen ihre Mobiltelefone möglichst sichtbar. Die jungen Frauen wollen offenbar mit den kürzesten Miniröcken, den höchsten Absätzen und den auffälligsten Lippenstiftfarben dem Elend um sie herum die Stirn bieten. Über diese Neureichen sagt Herr Schreyer: „Das sind gefährliche Geschäfte, mit denen die ihr Geld machen!" Er bleibt stehen und sieht mich traurig an: „Mit Kultur, so wie wir sie verstehen, hat das alles nichts mehr zu tun. Es ist ordinär – ordinäre Protzerei! Unsere Kultur ist tot."

Alfred Schreyer gehört zu jener Hand voll galizischer Juden, die das Glück hatten, die Nazis zu überleben. Jeder der am Leben Gebliebenen hat seine eigene Geschichte. Aber es gibt eine Gemeinsamkeit in allen diesen Lebensläufen: Die erste Hälfte der vierziger Jahre des vergangenen Jahrhunderts hat ihr Schicksal bestimmt und sie psychisch und physisch gezeichnet. Die Spuren dieser Zeit wird keiner von ihnen jemals los.

Schreyer geleitet mich durch die Stadt, in der er geboren wurde und in der sich seine Eltern und Großeltern eines gutbürgerlichen, jüdischen Lebens erfreuten. Sein Elternhaus gibt es nicht mehr, es wurde abgerissen, und ein hässlicher, neuer Bau steht heute an seiner Stelle. Das noble Eckhaus, in dem der Onkel früher seine Apotheke führte, hat längst andere, wechselnde Besitzer gefunden. Wir kommen zu einer leicht ansteigenden Straße, an deren Ende ein ungewöhnliches, eindrucksvolles Gebäude aufragt. Je mehr man sich ihm jedoch nähert, desto deutlicher sieht man, dass es nur noch aus einer Fassade besteht. Vor uns liegt – mehr als dass sie steht – die völlig verfallene, ehemalige große Synagoge der Stadt. Schutt ist über den Boden verstreut, Büsche und Bäume haben sich breitgemacht, wo früher die Menschen gebetet haben. „Nach dem

Ruine der Großen Synagoge in Drohobycz, Oktober 2009
Wikimedia Commons, Birczanin

Krieg haben wir übrig Gebliebenen sie noch manchmal als Treffpunkt benutzt, aber dann wurde der bauliche Zustand zu gefährlich", erzählt mein Begleiter. Ich frage ihn, ob es geplant sei, die Synagoge wieder aufzubauen. Er sieht mich verständnislos an. „Aufbauen – für wen denn? Hier leben doch keine Juden mehr!"

Es gibt Momente, da verschlägt es einem die Sprache. Trotz der Zahlen, die wir inzwischen alle kennen, trotz der Berichte, der persönlichen Schilderungen, trotz all der grauenhaften Bilder vom Holocaust und der Besuche in ehemaligen Vernichtungslagern – der Anblick dieser Ruine, deren Wiederaufbau sinnlos geworden ist, führt mir blitzartig noch einmal in aller Schärfe das ganze Ausmaß der Auslöschung der jüdischen Bevölkerung vor Augen. Den abgrundtiefen Schrecken, der mich überfallen hat, in Worte zu fassen gelingt nicht.

Diese schöne, demolierte Fassade, deren vollständiges Verschwinden besiegelt ist, steht als das Symbol einer jahrhundertealten Lebensweise, mit ihrer Vitalität, ihrer Frömmigkeit und ihrem kulturellen Reichtum. Zerstört, umgebracht, ausgerottet – für lange, lange Zeit, wahrscheinlich für immer. Das Land von Paul Celan, von Joseph Roth, Manès Sperber, Rose Ausländer und vielen, vielen anderen Dichtern und Schriftstellern gibt es nicht mehr. Aus und vorbei. Galizien ohne Juden hat seinen Charakter verloren. Ich muss an Andrzej Szczypiorskis Ausspruch denken, dass die Polen ohne die polnischen Juden eine verstümmelte Gesellschaft seien.

Ich versuche mir meinen Vater hier, in dieser Stadt, in den Jahren des allgegenwärtigen Mordens vorzustellen. Er, den Alfred Schreyer als „unseren Engel" beschreibt, hat ohne jeden Zweifel Situationen von unaussprechlichem Horror miterlebt und mit ansehen müssen, ohne etwas dagegen tun zu können. Wie ist er mit dem ständigen Konflikt zwischen seiner offiziellen Funktion und seinem humanitären Engagement fertiggeworden? Er hat darüber so gut wie gar nicht gesprochen. Zur Wahrheit gehört es, dass auch er ein Rädchen in der Maschinerie der Mörder-Besatzer gewesen ist, so wie alle anderen deutschen Retter im Osten auch. Sie griffen der Mordmaschine in die Speichen, und es gelang ihnen, ihr ein paar Hundert Menschenleben zu entreißen – um den Preis der Mitwisserschaft, der Augenzeugenschaft und des Nichtvergessen-Könnens. Auch um den Preis des späteren Scheiterns. So hat mein Vater, so haben andere nach dem Krieg nicht wieder den beruflichen Anschluss im normalen Leben gefunden.

Wir setzen unseren Gang durch Drohobycz fort. Alfred Schreyer zeigt mir eine weitere ehemalige Synagoge – heute dient sie als Lagerhaus. Hier erschossen zwei junge SS-Männer an einem Nachmittag kaltblütig siebzig, achtzig Kinder, die in dem Gebäude Zuflucht gesucht hatten, nachdem ihre Eltern auf Nimmerwiedersehen „abgeholt" worden waren. Die deutsche Obrigkeit hatte dem Judenrat auf dessen Bitte hin zugesagt, dass man eine Lösung für die Kinder finden würde, und hatte die Erlaubnis erteilt, zwei Frauen in die Synagoge zu schicken, die den Kindern etwas zu essen geben sollten. Eine der beiden Frauen war Schreyers Mutter gewesen. Zwei Tage nach diesem nicht ganz hoffnungslosen Beginn tauchten plötzlich die beiden SS-Männer auf. „Lösung finden?", fragten sie lachend, „wir haben eine viel bessere

Lösung!" Sie zogen ihre Waffen und schossen und schossen, bis sich nichts mehr bewegte. Nur die beiden entsetzten Frauen ließen sie am Leben. Vermutlich aus einer Laune heraus. Einige Schritte weiter zeigt mir Schreyer den Platz, auf dem sein Lehrer, der Maler und Dichter der „Zimtläden", Bruno Schulz, beim Überqueren der Straße von dem brutalen SS-Oberscharführer Karl Günther erschossen wurde.

Im Jahr 1942 wurde aus dem jungen Musikstudenten Schreyer endgültig ein Zwangsarbeiter. Er bekam Arbeit in der Tischlerei in Hyrawka und war damit zunächst einmal geschützt. Vom Tischlern hatte er zwar keine Ahnung, aber damit stand er bei Weitem nicht allein da. Er war geschickt und kräftig, und er gab sich Mühe, denn er wollte leben. Nach der Auflösung des Hyrawka-Lagers hatte er noch einmal Glück, denn er gehörte zu denen, die bei der „Karpathen-Öl" unterkamen. Im April 1944, nur vier Monate vor dem Kriegsende in diesem Teil Europas, standen eines Tages die Viehwagen auf dem Fabrikgelände, und alle Juden wurden mit unbekanntem Ziel abtransportiert. Irgendwie hatten er und seine Schicksalsgenossen aber trotz allem noch die Hoffnung, zu einem anderen Arbeitseinsatz gebracht zu werden. „Ich kannte die Strecke gut", erzählt mir der alte Mann, „und ich wusste, wenn der Zug an einer bestimmten Weiche weiter geradeaus fahren würde, dann hätten wir noch eine Chance. Sollte er aber nach rechts abbiegen, dann kämen wir nach Krakau-Plaszów." Der Zug bog nach rechts ab, und sie fuhren in das berüchtigte Konzentrationslager. „Wir dachten, dies sei die Hölle – dabei war es nur eine Vorhölle." Nach wenigen Monaten wurde Schreyer ins niederschlesische Lager Groß-Rosen verfrachtet, dort nahm man ihm, dem man sonst schon längst alles abgenommen hatte, die letzte Erinnerung an seine tote Mutter fort.

Schreyers Vater war nach Bełżec deportiert und dort umgebracht worden. Seine Mutter wurde im nahe gelegenen Bronitzer Wald erschossen und in einem Massengrab verscharrt. Zwölftausend Juden aus der Gegend von Drohobycz haben dieses furchtbare Schicksal erlitten. Ein Waldarbeiter, den die Familie Schreyer kannte, brachte dem jungen Alfred ein Foto, das er beim befohlenen Kleidersortieren in der

Manteltasche von dessen Mutter entdeckt hatte. Es war ein Foto von Alfred, und auf die Rückseite hatte die Mutter in einem unbewachten Moment geschrieben: „Ich bin glücklich, dass mein Sohn lebt, ich gehe mit seinem Bild in den Tod." Das hatte sie dann nicht mehr gekonnt, weil die Opfer vor ihrer Erschießung alle Kleidung ausziehen mussten. Dieses Foto hatte Alfred von dem Moment an, da es ihm der Waldarbeiter gegeben hatte, immer bei sich getragen. Noch in Krakau-Plaszów war es ihm gelungen, es versteckt bei sich zu behalten, in Groß-Rosen, im Oktober 1944, gelang nicht einmal mehr das.

Die Schreckensreise ging weiter: Schreyer kam nach Buchenwald und in das Außenlager Taucha bei Leipzig, danach trieb man ihn und die anderen KZ-Insassen auf irrwitzige, sinnlose Märsche, wie wir sie aus der Geschichtsschreibung kennen. „Am 7. Mai 1945 sahen wir die ersten russischen Panzer, und am 8. Mai feiere ich seither meinen Geburtstag – dazu habe ich auch allen Grund!", erzählt mir Schreyer auf unserem Spaziergang.

Bis zum Herbst 1946 blieb er in Deutschland, in der Sowjetischen Besatzungszone, und arbeitete als Dolmetscher für die Rote Armee. Als der Befehl zur Repatriierung kam, stellte er den Antrag, zu Onkel und Tante nach Buenos Aires auswandern zu dürfen. Adresse? – die hatte er nicht. Man stellte ihm anheim, so lange im Lager zu warten, bis man seine Verwandten ausfindig gemacht habe und die Ausreisemodalitäten geklärt seien. Noch einmal ins Lager? „Ich habe einen solchen Schrecken bekommen! Nein, alles, nur das nicht – das konnte ich nicht. Um keinen Preis der Welt!" Und so kam es, dass der vierundzwanzigjährige Alfred Schreyer schließlich, über einige Umwege, nach Drohobycz zurückkehrte.

Mit Geigespielen und Auftritten in einem Tanzmusiktrio hielt er sich zunächst über Wasser, dann begann er wieder zu studieren, gründete eine Familie, bekam eine Tochter und einen Sohn und unterrichtete – bis zur Pensionierung – am örtlichen Konservatorium.

1993 sind seine beiden Kinder mit ihren Familien nach Deutschland ausgewandert. Sie hatten keine Hoffnung mehr, dass sich die Lebensverhältnisse in der Ukraine in absehbarer Zeit bessern würden. „Dieses eine Mal war es ein Vorteil für uns, dass wir Juden sind", bemerkte Schreyers Tochter Liliana ironisch in einem Gespräch mit mir. „Wer jung genug ist und die Möglichkeit dazu hat, verlässt das Land." Nur die Alten bleiben. Ursprünglich hatten die Eltern Schreyer ihren Kindern folgen wollen. Als jedoch alle Papiere vorlagen, verließ sie der Mut, und sie entschlossen sich, in Drohobycz zu bleiben. „Es ist zu spät, und wir sind zu alt", resümiert mein Begleiter seine Geschichte. „Und außerdem: Hier bin ich der Herr Schreyer, den jeder kennt – aber wer bin ich in Frankfurt?"

Der Musiker Alfred Schreyer hat ein Lied zur Erinnerung an das furchtbare Ende seiner Mutter und das so vieler anderer geschrieben – es heißt „Bronitzer Wald", und er hat es schon oft anlässlich von Gedenkveranstaltungen vorgetragen. Am letzten Tag vor meiner Abreise singt er es mir mit seiner schönen, kräftigen Stimme vor. Meine Stimme zittert, als ich ihm dafür danke.

20

Wenn Alfred Schreyer sagt: „Eberhard Helmrich hat mich gerettet", dann ist das eine verwirrende Aussage. Es stimmt nicht ganz, aber es ist auch nicht ganz falsch. Bis zum April 1944 war er geschützt durch seine Arbeit – länger als die allermeisten – und, wenn man so will, gewappnet durch gute Gesundheit und gute Ernährung. Beides Voraussetzungen, die das Überstehen von Konzentrationslager und Todesmärschen – nein, nicht „ermöglicht haben", das wäre zynisch –; vielleicht aber, vorsichtig gesagt, Voraussetzungen, die das Überleben wahrscheinlicher machten.

Die Geschichten der Geretteten und ihrer Rettung sind nicht so eindeutig oder gar so einfach, dass sie sich ohne weiteres einordnen und etikettieren ließen. Die seltenste Form der Rettung war die, dass eine Person eine andere, von Anfang an bis zur Befreiung, allein beschützen konnte. Obwohl – auch das hat es gegeben. Im Zentrum für Antisemitismusforschung an der Technischen Universität Berlin geht man von folgender Faustregel aus: Mindestens sieben Menschen mussten bereit sein zur Hilfe, um ein Leben zu retten, und oft waren es mehr. Dieselben Leute haben andererseits meistens mehrere Leben in verschiedenen Zeitabschnitten gerettet. Nicht alle Helfer waren in gleicher Weise aktiv oder in gleicher Weise beteiligt an einer Rettung – aber allein die Erlaubnis, sich ein paar Nächte in einer Laube zu verstecken, konnte über Tod oder Leben entscheiden. Wie schon gesagt: Jeder Tag, jede Stunde zählte.

In Berlin sind zweihundert Fälle von missglückter Rettung dokumentiert – man kann aber sicher sein, dass es ungleich mehr waren. Dennoch bleibt auch der ein Retter, der bei seinem Versuch ohne eigene Schuld scheitert. Viele haben ihre Geschichte mit ins Grab genommen, weil beide den Rettungsversuch nicht überlebten oder weil sie nie darüber sprechen mochten. Häufig haben Retter und Gerettete geschwiegen, weil sie einfach vergessen wollten, um die Zeit mit ihren furchtbaren Bildern aus dem Gedächtnis zu verbannen. Sie haben oft auch aus Scham nichts gesagt – die einen, weil sie sich vorwarfen, nicht mehr getan zu haben, die anderen, weil sie überlebt hatten, während so viele andere umgekommen waren. Wir wissen von Überlebenden, die die Fragen ihrer Kinder fürchteten: Was hast du getan, damit sie dich nicht holen …?

Ich habe einen Mann getroffen, der auf die Frage seiner kleinen Tochter, was denn die Nummer auf seinem Arm zu bedeuten habe, antwortete, das sei eine Telefonnummer, die er auf keinen Fall vergessen dürfe. Eine Jüdin, die als Kind in Berlin überlebt hat, wollte mir die Geschichte ihrer Rettung erzählen – sie hat das Gespräch immer wieder hinausgeschoben, schließlich sagte sie es mit Tränen in der Stimme endgültig ab. Sie brachte es nicht fertig, zu schmerzlich waren ihre Erinnerungen.

Die später Geehrten wurden von Überlebenden ausfindig gemacht und benannt, häufig erst nach vielen Jahren. Von sich aus haben sie nicht auf ihre Taten hingewiesen. „Mit so etwas geht man nicht hausieren!", meinte eine Berliner Schauspielerin, die eine Freundin bei sich versteckt hatte.

In einzelnen Fällen hat es Retter gegeben, die darum baten, ihren Namen nicht zu nennen, weil sie befürchteten, es könnte „abträglich" für sie sein, wenn ihre Umgebung davon erführe. In diese Reihe gehört auch jene Frau aus der ehemaligen DDR, die nicht den richtigen Namen, sondern den Mädchennamen ihrer Mutter auf die Plakette und in die Urkunde der israelischen Gedenkstätte Yad Vashem schreiben ließ. Sie hatte – kaum zu glauben – Angst vor den Nachbarn. Und das ist noch gar nicht lange her!

Die große Tat der Rettung eines Menschenlebens in einer Zeit von Terror und Unterdrückung muss man sich vorstellen als eine aus vielen Gliedern bestehende Kette. Jedes dieser Glieder ist gleich wichtig, denn wenn auch nur ein einziges zerbricht, dann reißt die ganze Kette, und alles ist umsonst gewesen.

Es hat viele Namenlose gegeben, von denen nicht einmal die Verfolgten wussten, dass sie zu ihrem Überleben beitrugen. Die kleine, alte Verkäuferin im Lebensmittelladen, die wir „Anna Händchenvoll" getauft hatten, weil sie mit freundlichem Lächeln sagte, sie habe noch ein Händchen voll zusätzlich in die Tüte getan – sie hat wohl etwas geahnt. Die Rationen, die es „auf Karte" gab, auf die entsprechenden Abschnitte der Lebensmittelkarten, reichten kaum für den Eigenbedarf, sie mit anderen zu teilen war ein Kunststück. Auf unserem Markt gab es die Fischfrau, die meiner Mutter mehr einpackte, als diese bestellt und bezahlt hatte, und mit Pokergesicht beim Herüberreichen der Ware meinte: „Na, Sie haben doch immer Gäste, Frau Helmrich." Andere Marktleute verhielten sich ähnlich, wenn meine Mutter sich direkt an sie wandte, weil sie „heute mehr" brauchte.

Der Polizeiwachtmeister Kellerhof, der die Mutter durch die Blume, aber dennoch deutlich warnte, wenn Kontrollen anstanden, der Briefträger Haibel, der nicht nur Briefe austrug, sondern auch andere Nachrichten übermittelte. Oder Emmi Teschendorf, die eine Bäckerei-Konditorei besaß und großzügig mal ein Stück Kuchen, mal eine ganze Torte an die Verfemten verschenkte und bei der sie sich darüber hinaus heimlich treffen konnten. Rettung wäre nicht möglich gewesen ohne die Helfer, die immer ein Bett für die Nacht bereithielten, wie Mutters Freundin, die Ärztin Hildegard von Weber. „Hildegard, du bekommst heute Besuch", kündigte ihr meine Mutter an, und damit wusste sie, was zu tun war. Es wurden Lebensmittelmarken verschenkt oder – noch begehrter – Rauchermarken; Kleidungsstücke und Decken wurden hergegeben und untergetauchte Kranke versorgt, gegen alle Regeln.

Der Freundeskreis meiner Eltern bestand aus solchen Menschen – „eine verschworene Gemeinschaft", wie meine Mutter mir später erzählte. Unsere Nachbarn Schlemm und van Gülpen gehörten dazu, von meiner Schwester „die Helden der Westendallee" genannt, auch weil sie sehr flink und sehr mutig beim Löschen der Brände zu Werke gingen. Unsere tapfere Hedda blieb während der Bombennächte im Haus, wenn wir illegale „Gäste" hatten. Auf die Vorhaltungen des Luftschutzwarts, es sei verboten, sich bei Angriffen außerhalb des Luftschutzkellers aufzuhalten, erklärte sie, dass sie doch so schreckliche Platzangst in dem engen Raum habe und das nicht ertragen könne. Darüber schrieb sie später ihrem ehemaligen Zögling Kurt Samolewitz/Moshe Zamir nach Jerusalem: „Bei Alarm war es am schlimmsten, denn da durften die Untergetauchten nicht in den Bunker, und Fenster und Türen mussten offen bleiben. Dann konnten die Nazis so schön überall rein. Ich blieb mit im Haus, da konnten sie nicht so rein, denn ich sagte immer, es sei alles in Ordnung. Lieber Kurt, es lässt sich nicht alles schreiben, so furchtbar war es." – „Habt ihr überhaupt Nazis gekannt?", habe ich meine Mutter nach dem Krieg gefragt. „Ja. schon – aber nur von weitem!", lautete ihre Antwort.

Auch ihr erster Mann, der mit seiner zweiten Frau und seinem kleinen Sohn auf dem Darß in Vorpommern lebte, war Teil des rettenden Netzwerks. Wissentlich haben er und seine Frau immer wieder

Jüdinnen mit falschen Papieren vorübergehend bei sich aufgenommen und beschäftigt.

Es gab einen großen Unterschied zwischen Stadt und Land: Die Anonymität der Großstadt machte das Untertauchen wesentlich leichter, während in der Kleinstadt und auf dem Dorf die soziale Kontrolle so ausgeprägt war, dass man ihr nur schwer entgehen konnte. In einem Ukas der Regierung vom 5. Februar 1940 heißt es denn auch ganz ungeschminkt: „Die Übersiedlung von Juden von kleinen in große Städte ist zu verhindern. Sie sind dort schwerer zu überwachen." Die landesweiten Deportationen begannen im Oktober 1941, im September 1942 galt die „Umsiedlung" der „Volljuden" fast überall als „abgeschlossen". Nur in Berlin zog sich das länger hin, weit bis ins Jahr 1943 – zum einen, weil in Berlin vor dem Zweiten Weltkrieg die größte jüdische Gemeinde existiert hatte, zum anderen, weil etwa die Hälfte aller Versuche, sich durch Untertauchen der Deportation zu entziehen, in Berlin und Umgebung gewagt wurde. Aber auch hier wurden immer noch weitere Flüchtige und Versteckte bei Razzien oder durch Anzeigen „aufmerksamer" Volksgenossen aufgestöbert und in den Tod geschickt.

Zwei Drittel der Retter im damaligen Deutschland waren Frauen – ihre Männer kämpften an der Front. Meistens wussten sie, was ihre Ehefrauen in der Heimat taten, und es geschah mit ihrer Zustimmung. Mitunter arbeiteten sie als Team wie im Falle meiner Eltern. Es gab aber leider auch Fälle, in denen die Männer ganz und gar nicht einverstanden waren und im Extremfall sogar ihre Angetrauten anzeigten. Ob allein die Abwesenheit der Männer eine hinreichende Erklärung für den auffallend hohen Prozentsatz an weiblichen Rettern ist, darüber lässt sich nur spekulieren. Lassen sich Frauen weniger schnell ins Bockshorn jagen? Werden angesichts von Not und Elend ihre mütterlichen Gefühle angesprochen? Ob als Hausfrauen oder zusätzlich Berufstätige, Frauen hatten zwangsläufig mehr Routine in der Organisierung des Alltags – im Beschaffen von Nahrung, Kleidung, Heizmaterial und anderem. Darum eigneten sich Frauen auch besser, Lebensmittel zu überbringen, sie waren einfach unverdächtiger. Sie hatten auch deshalb größere Handlungsspielräume als die Männer, weil sie dem traditionellen Frauenbild der Zeit, das sie als uneigenständig und gehorsam sehen wollte, so wenig entsprachen. Ihre Rolle im aktiven zivilen Widerstand hat man ihnen nicht recht zugetraut! Was auch immer diese Frauen zu Lebensretterinnen gemacht hat – sie hatten Mut, Nerven, Durchhaltevermögen und eine große Portion Fantasie und Einfallsreichtum. Die Bedrohung war immer gegenwärtig, ebenso wie die Angst – umso unglaublicher und umso beeindruckender ist die Lektüre der dokumentierten Berichte über diese Frauen und ihre Hilfsaktionen. Im Vordergrund stand in jener Zeit aber wohl das Gefühl totaler Rechtsunsicherheit. Man wusste nie genau, was einem passieren konnte, zumal die Durchführung von Bestimmungen innerhalb Deutschlands sehr verschieden gehandhabt wurde. Letzteres war auch auf die unterschiedliche persönliche Einstellung und Durchsetzungskraft der einzelnen Gauleiter, Bürgermeister und anderer Vertreter der Obrigkeit zurückzuführen. Sehr mutige Menschen haben sich diese Rechtsunsicherheit zunutze gemacht.

In den besetzten Gebieten im Osten war die Gefahr für Leib und Leben unvergleichlich viel größer. Dort brauchten aufgeflogene Judenretter gar nicht erst mit Haft oder mit der Einweisung in ein Konzentrationslager zu rechnen – ihnen war der Tod gewiss. Im schnoddrigen Berlinerisch sprach man von „Köpfchen kürzer". Ich erinnere mich aus meiner Kindheit, dass dieser Ausspruch in meiner Umgebung ziemlich häufig benutzt wurde. Mit Sarkasmus gegen die Angst. Meine Mutter sagte Jahre später in einem Interview: „Man kann nicht die ganze Zeit sitzen und zittern – das kann man nicht. Kein Mensch kann zwölf Jahre lang Angst haben, das geht einfach nicht. Mit der Angst muss man irgendwie lernen zu leben, und das geht auch!" In welcher Gefahr ihr Mann schwebte, hat sie gewusst – auch an diese Angst hat sie sich „gewöhnen" müssen, ohne ihn unter Druck zu setzen.

21

Im Osten existierte kein Netzwerk von Helfern, das dem in Deutschland – so klein diese Schar auch immer war – auch nur entfernt ähnelte. Es gab kaum vertrauensvolle Freundschaften unter den Deutschen, denn man tat besser daran, einander nicht über den Weg zu trauen.

Dagegen war die Zahl der Mitwisser, die Gruppe der Eingeweihten, unvergleichlich viel größer. Unter den Verfolgten konnte es ja kein Geheimnis bleiben, wer zur Hilfe bereit war. So müssen es viele Hundert gewesen sein, die Namen und Adressen ihrer potenziellen Beschützer kannten. Sie wurden von ihnen gerühmt, und man verlieh den Rettern sogar „Titel" – lebensgefährliche Titel. Den späteren deutschen Großindustriellen Berthold Beitz nannten sie den „Vater der Juden" und Eberhard Helmrich den „König der Juden". Welch ein gefundenes Fressen für die Gestapo! Die beiden Männer lebten zunächst in Drohobycz, Beitz zog dann etwas später mit seiner Frau und seiner kleinen Tochter in die Nachbarstadt, Borisław. Der Gebietslandwirt Helmrich unterstützte den um vierzehn Jahre jüngeren Erdöl-Manager Beitz bei der Einrichtung einer eigenen Genossenschaft – „Zluka" –, die Verkaufsläden für dessen Belegschaft unterhielt. An die Arbeiter wurden Konsumgüter verkauft, später kamen eine Werksbäckerei und sogar eine Schweinezucht hinzu. Den Leuten war das sehr recht, und die Obrigkeit konnte nichts dagegen einwenden. Diese beiden Deutschen verkehrten auch privat miteinander, nicht allzu intensiv, aber man besuchte sich. Umso erstaunlicher ist es, dass sie niemals über ihre humanitären Aktivitäten miteinander gesprochen haben. Offenkundig schätzten sie sich gegenseitig, aber man hielt sich bedeckt, wollte lieber kein Risiko eingehen. Berthold Beitz erinnert sich an einen „besonnenen, sehr ruhigen Mann, der uns durch sein Schweigen vielleicht beide schützen wollte". Was man nicht weiß, das kann man auch nicht ausplaudern. Auch nicht unter Folter. Seine Frau, Else Beitz, beschreibt Helmrich als „einen sehr stillen Mann" und fügt nachdenklich hinzu: „Ich hatte den Eindruck, er lebte in einer Welt für sich." Ich war mir immer ganz sicher, dass mein Vater schon damals über Beitz' politische Einstellung und dessen Rettungsanstrengungen genau Bescheid wusste, denn er hat schon sehr früh darüber gesprochen. Ich hätte es beschwören können. Möglich, dass andere ihm davon erzählt hatten, zum Beispiel Mitglieder des Judenrats. Wohingegen Beitz von der diesbezüglichen „Kollegenschaft" mit dem Älteren erst Jahre nach dem Ende des Krieges erfahren hat. Übrigens war auch er niemals Mitglied der NSDAP.

Tatsächlich muss mein Vater in diesen Jahren ein sehr zurückgezogenes Leben geführt haben – er hat zum Beispiel nicht an Jagdausflügen teilgenommen, eine Beschäftigung, der er früher ausgesprochen gern nachgekommen war. (Meine Geschwister und ich erinnern uns an aufregende spätabendliche Ausflüge zu Hochsitzen, und ich erinnere mich an unheimliche Hirschgeweihe an den Wänden von Vaters Zimmer.)

Es wird niemanden verwundern, dass es in dieser Welt des Misstrauens, der Unsicherheit und der Menschenverachtung ein reiches Betätigungsfeld für Denunzianten gab. Verwunderlich ist eigentlich nur, dass es nicht noch viel mehr solcher Fälle von Verrat gegeben hat. Wie konnten diese Männer mit ihrem Tun jahrelang durchkommen, wie ist es ihnen gelungen, den Kopf aus der Schlinge zu ziehen?

Für heutige Leser ist das schwer zu begreifen – aber es gibt eine eigene Logik im Überwachungsstaat. Der Mischung aus Terror, Angst und Obrigkeitsglauben können sich die meisten Menschen wohl nicht entziehen. Und so überstieg es wohl das Vorstellungsvermögen der Drohobyczer Gestapo, dass es jemand wagte, eigenständig und ohne Protektion derart kaltblütig zu handeln, wie Helmrich es tat. „Ihr Vater, dieses Abbild eines arischen Herrenmenschen – groß, blond, selbstsicher und nobel –, an den haben ‚die' sich doch nicht herangetraut." Für Arnon Gill, seinen blutjungen polnischdeutschen Mitarbeiter im Büro, gibt es daran keinen Zweifel, dass dies der Grund war, warum er sich halten konnte und am Leben blieb. Der Zweiundzwanzigjährige stellte eine wichtige Stütze für meinen Vater dar, denn er sprach drei Sprachen fließend, nämlich Deutsch, Polnisch und Russisch. Noch viel wichtiger aber war seine absolute Verschwiegenheit. Ich traf ihn viel später, kurz vor seiner Pensionierung. Er hatte nach dem Krieg in Polen studiert und eine Hochschulkarriere durchlaufen, die ihn schließlich an die Freiburger Universität geführt hatte. Er erzählte mir, wie es ihn damals amüsiert habe, meinen Vater dabei zu beobachten, wie sehr dieser darauf bedacht gewesen sei, nicht „Heil Hitler" zu sagen. „Er lief auf offizielle Besucher zu und rief aus: ‚Ach, wir haben uns ja schon länger nicht mehr gesehen!' oder: ‚Schön, dass Sie gekommen sind' oder Ähnliches." Lachend berichtete mir Gill, dass mein Vater das obligatorische Hitlerbild in seinem Büro hinter seinem Schreibtisch aufgehängt hatte. Wenn vertraute Besucher zu ihm ins Büro kamen und ihm gegenüber am Schreibtisch Platz nahmen, dann entschuldigte er sich, dass sie den „Führer" ansehen mussten. „Ich habe ihn mir aus den Augen geschafft", pflegte er dann zu erklären.

Sicher sein konnten Helmrich und seine Mitwisser natürlich niemals, und es gibt übereinstimmende Berichte verschiedener Personen, die bestätigen, es habe mehr als nur den Verdacht gegeben, dass Helmrich den Juden und auch den Polen half – es war wohl nahezu Gewissheit. Die erstaunliche Schlussfolgerung lautete, dieser Kreislandwirt müsse, wenn er denn tatsächlich so dreist all das tue, was man ihm nachsage, derart exzellente Beziehungen nach „ganz oben, nach Berlin" haben, dass man besser die Finger von ihm lasse. Die Herren wollten es auf die Auseinandersetzung mit „Berlin" und ihren höchstgestellten Vorgesetzten offenbar nicht ankommen lassen.

Eine erhellende Aussage hat der damalige zivile Vorgesetzte meines Vaters, Hermann Görgens, im Jahre 1960 gemacht. Für die „Ostdokumentation" des Koblenzer Bundesarchivs wurde er über die Kreisverwaltung in Drohobycz zur Zeit der deutschen Besatzung befragt. Ich zitiere ganz wenige Auszüge aus dem vierzigseitigen Protokoll. Der Befragte: „Herrn Helmrich unterstand auch die Versorgung der jüdischen

Bevölkerung. Recht bald stellte ich fest, dass er mehr zuteilte, als gestattet war. Er war ein Mann, der menschlich aufgeschlossen war, den schönen Dingen zugetan, fast ein musischer Mensch. Er war kein Landwirt, der mit Stulpenstiefeln einherstampfte und nur von Kuhrücken und Schweinerücken sprach, sondern mehr ein theoretischer Landwirt, ein sehr feiner Mensch. Man konnte ihm keinen Tadel entgegenbringen, und in seiner Lebensführung war er bescheiden. Ich habe mich dann dazu entschlossen, seine Handlungen nicht nur zu billigen, sondern bewusst als gut aufrechtzuerhalten und zu fördern." – „Seine Hausbedienstete war ein Typ, der nicht so polnisch aussah, wie es eigentlich einer Polin zustehen musste, sondern sie sah mehr jüdisch aus. Ich habe nicht weiter darüber gesprochen, weil ich dachte, wenn es so wäre, ist es besser, man spricht nicht darüber. Man weiß nie, wie die Dinge sich entwickeln." – „Das ist das Beispiel Helmrich. Er hat die Individualisierung der Verwaltung so weit getrieben, dass er eindeutig gegen die Vorschriften handelte." – Dieser Mann, im Privatleben Rechtsanwalt, war gewiss kein Unmensch, aber bei Weitem auch kein Held. Man tritt ihm sicherlich nicht zu nahe, wenn man ihn dem weit verbreiteten Typus des gebildeten, wohl erzogenen Leisetreters zuordnet.

Er hat sich im Nachhinein die Situation im damaligen Galizien schön gemalt, und er hat nach eigener Aussage so gut wie nichts gesehen oder gewusst. Befragt zu seinem eigenen Verhalten führte er aus: „Wenn Angehörige des Judenrats bei mir vorsprachen, um über irgendwelche Nahrungsmittelzuteilungen zu verhandeln oder nach Passierscheinen zu fragen, dann bot ich ihnen einen Platz an, und sie setzten sich. Von Seiten der Sicherheitspolizei wurde mir dann aber betont erklärt, dass der Jude nicht so behandelt werden dürfe. Ich habe dann den Juden keinen Platz mehr angeboten, sondern habe – sobald sie kamen – selbst gestanden. Einen Befehl, dabei selbst zu sitzen, den konnte man mir nicht geben. Das waren Winzigkeiten gegenüber einem übrig gebliebenen tragischen Schicksal, zugleich aber auch Ausdruck des Willens, zu mildern und zu helfen, wo man nur konnte. Ich hoffe, dass im Wesentlichen die meisten Deutschen, wenn nicht nahezu alle, eine gleiche Haltung gehabt haben." Was mögen seine Kinder angesichts dieser Aussagen empfunden haben?

Die Wirklichkeit sah anders aus. Eines Tages geschah, was irgendwann hatte kommen müssen: Helmrich wurde von einem seiner Kollegen beim Gauleiter in Lemberg und bei der SS denunziert. Es war dann ausgerechnet ein leitender Mann vom Sicherheitsdienst der SS in Lemberg, der ihn aus der tödlichen Gefahr herausholte. „Ich weiß, dass Sie geholfen haben, aber ich sorge dafür, dass Sie auf Ihrem Posten bleiben!" Dies teilte er meinem Vater mit – er wollte ihm offenbar klar machen, dass er, sein Retter, Bescheid über ihn wusste. Vielleicht war auch er ein Mann von gewisser Weitsicht – wer konnte schon vorhersagen, wie sich die Dinge entwickelten …

Mein Vater hat später berichtet, dass es auch „bei der SS Männer gab, die kein Blut an den Händen hatten". Es mag sein, dass eine extreme Situation das Wahrnehmungsvermögen für den Charakter anderer Menschen schärft, es mag aber auch sein, dass die schiere Kaltblütigkeit im Handeln meinen Vater geschützt hat.

Er war zu jener Zeit ein Mann mit interessanten Möglichkeiten: Er konnte über Lebensmittelvorräte – inklusive Alkoholika – verfügen, auch über Vieh und Pferde. Das verlieh ihm Einfluss. Er, der nach übereinstimmenden Aussagen vieler, die ihn damals gekannt und erlebt haben, niemals irgendetwas für seine Hilfe annahm – kein Geld, kein Gold und keine Diamanten –, bestach selbst hemmungslos. Seine „Rechnung" präsentierte er auf andere Weise: Er schreckte nicht davor zurück, Angehörige von SS und Sicherheitspolizei für seine Zwecke einzuspannen. So hat er mit deren Hilfe mehrmals Verhaftete aus dem Gefängnis herausgeholt. Einmal auch seinen treuen Fahrer, den Polen Janek Wojnar, dessen nächtliche Rettungsfahrten durch einen entsprechenden „Hinweis" ans Licht gekommen waren.

Das hinderte ihn jedoch nicht daran, den unbestechlichen Beamten herauszukehren, wenn er dies für berechtigt und für geboten hielt. Im Lemberger Zentralarchiv der Ukraine fand ich ein von ihm unterzeichnetes Schreiben vom 12. Oktober 1942 an das Stadtkommissariat in

Borisław mit folgendem Wortlaut: „Das beiliegende Gesuch gebe ich Ihnen nach Prüfung zurück und muss dazu bemerken, dass ich nicht feststellen kann, was die Errichtung eines Büffets mit Ausschank von Bier mit Kultur zu tun hat. Es ist mir auch nicht möglich, für diese Sache Zuteilungen zu machen. Der Kreislandwirt".

22

Der Alltag der Familie Helmrich glich im Großen und Ganzen dem der meisten anderen Familien in der Hauptstadt. Die Mutter versuchte ein halbwegs normales Leben für sich und die ihren zu erhalten und etwas Essbares auf den Tisch zu bringen. Man muss sich die Ernährungslage jener Jahre vorstellen: Es war von allem nicht sehr viel da, und die guten Sachen, wie Bohnenkaffee, Butter oder gar Südfrüchte, die gab es kaum. Und nur ganz selten etwas Süßes, was wir Kinder sehr vermisst haben. Keine Schokolade! Wenn aber wider Erwarten doch ein Riegelchen auftauchte, dann wurde es gehortet und gestreckt, damit wir möglichst lange etwas von dieser Köstlichkeit hatten. Hin und wieder passierte das genaue Gegenteil: Es kam plötzlich zu Marktschwemmen, und für wenige Wochen wurde eine bestimmte Ware, ein bestimmtes Gemüse in Hülle und Fülle angeboten, bis man nichts mehr davon sehen oder essen mochte. Ich erinnere mich mit Ekel an eine Artischockenlawine und an eine Rhabarberinvasion (mit Süßstoff!). Mein Bruder kam mittags aus der Schule und fragte mit triefender Ironie: „Na, was gibt es denn heute? Doch wohl nicht …? Artischocken! Was für eine Überraschung!" Es war und blieb die Gewohnheit unserer Mutter, Freunde unter ihrem Dach oder in ihrem Garten zu bewirten. Der Begriff „bewirten" ist allerdings etwas euphemistisch, denn es gab ja nicht viel. Aber das Spärliche wurde möglichst in Gesellschaft verzehrt. Die illustrierten Zeitschriften druckten Rezepte nach der Methode „Aus wenig mach viel“ oder „Leckerer Kuchen aus einfachen Zutaten“, alles nicht sonderlich überzeugend für eine gute und leidenschaftliche Köchin, wie unsere Mutter es war. Selten probierte sie eines der Sparrezepte aus, und die Ergebnisse überzeugten meistens keinen von uns. Ich erinnere mich an ein Gericht, angepriesen unter der hübschen Bezeichnung „Holzknechts Nockerln“, dessen Hauptzutat aus Mais bestand und das ein Verwandter der italienischen Polenta sein sollte. Es sah nicht übel aus, als es auf den Tisch kam, aber es schmeckte abscheulich und war hart wie Stein. Die Mahlzeit endete in Gelächter, ich glaube, alle waren – fast – satt von den intensiven Kauversuchen. Das, was übrig blieb – leider eine ganze Menge –, wurde später aufgebraten. Auch das ein Reinfall. Ein anderes Mal kam ein Kuchen auf den Tisch, den man aus den Resten von Ersatzkaffee – im Volksmund „Muckefuck“ genannt – und noch irgendetwas leicht zu Beschaffendem machen sollte. Auch dieser Versuch endete mit einem reumütigen „Nie wieder!“

Und so wurde eben das angeboten und geteilt, was gerade da war oder was jemand vom Land mitgebracht hatte. Und wenn es nur Tee mit gar nichts dazu gab – in meiner Erinnerung hatten wir immer Tee, woher und wieso, weiß ich nicht, aber Tee schien sehr wichtig. Einer der grimmigen Sprüche unserer Mutter war: „Hitler kann mich zwar dazu zwingen, alle Fenster zu verdunkeln, er kann verhindern, dass ich etwas Vernünftiges zu kochen und zu backen habe, aber er wird mich nicht davon abbringen, ein offenes Haus zu haben!“

Meine älteste Schwester absolvierte den einjährigen Landeinsatz im Arbeitsdienst und wurde anschließend weiterhin dienstverpflichtet, die jüngere der beiden Schwestern verließ die Westendschule und wechselte auf eine Schauspielschule, der Bruder machte das Abitur und wurde zum Militär eingezogen. Für die Jüngste sorgte die unermüdliche Hedda, und sie achtete darauf, dass ein Mindestmaß an „Ordnung“ in dieser ungeordneten Zeit eingehalten wurde. Sie nahm es als persönliche Kränkung, wenn die Sirenen uns in den Luftschutzkeller trieben, bevor ich mit dem Abendessen fertig war.

Je länger der Krieg dauerte, desto mehr bestimmte der unregelmäßige Rhythmus zwischen Alarm und Entwarnung die Tage und Nächte. Aber die Helmrichs hatten Glück, denn ihr Haus blieb stehen. Überhaupt wurde in der ganzen Gegend vergleichsweise wenig zerstört. Natürlich flogen überall die Fensterscheiben heraus durch die Detonationen, und man nagelte eilends die Fensterhöhlen mit Pappe oder einer Art durchsichtigen Kunststoffmaterials zu, und natürlich brannte es auch immer wieder um uns herum. Dann zogen die Erwachsenen zum Löschen aus, denn man half sich ganz selbstverständlich gegenseitig. Ich erinnere mich, dass ich eines Morgens, als ich zur Schule gehen wollte, meine sechzehnjährige Schwester blass und elend in Mutters Bett entdeckte. Sie war nach einem längeren nächtlichen Löscheinsatz mit einer Rauchvergiftung nach Hause gekommen.

Neben diesen Alltagsgeschehnissen gab es in unserer Familie immer wieder die etwas anderen Erlebnisse. Meine Schwester hatte im Arbeitsdienst eine Freundin gefunden, eine Vertraute, mit der sie offen sprechen konnte – ein nicht zu unterschätzender Glücksfall. Das Lager, in dem sie untergebracht waren, lag zwischen Brandenburg und Werder, in der äußeren Zone innerhalb des Flakrings rund um Berlin. Das bedeutete, dass sich die Flugabwehrgeschütze ganz in ihrer Nähe befanden. Eines Nachts, als die anderen Mädchen schon schliefen, sich die beiden Freundinnen aber noch unterhielten, beobachteten sie, dass ein Flugzeug nicht weit vom Lager abgeschossen wurde. Sie sahen sich an, sprangen auf und hatten den gleichen Gedanken. Hastig schlossen sie die Barackentür auf und von außen wieder zu und liefen mit Herzklopfen zu dem Flugzeug, wo sie einen jungen englischen Piloten fanden. Sie sahen, dass er nur leicht verletzt war, zogen ihn aus den Trümmern, machten auf dem Absatz kehrt und rannten, so schnell sie konnten, zur Polizeistation. In diesem Moment hatten sie nur eines im Sinn: zu verhindern, dass die SS den Engländer fand und weiß Gott was mit ihm anstellen würde. Es erschien den beiden Neunzehnjährigen wesentlich sicherer, wenn die Polizei der SS zuvorkam. Das war alles, was sie für diesen Jungen tun konnten. Danach gingen sie zurück zum

Lager. Erleichtert stellten sie fest, dass niemand ihren Ausflug bemerkt hatte. Was heute vielleicht wie ein Jugendstreich aussieht, hätte für die beiden „Arbeitsmaiden“ üble Folgen haben können.

Nach einem Jahr kehrte meine Schwester endlich in die Westendallee zurück. Freilich konnten die Mädchen nach dem Arbeitsdienst nicht etwa machen, was sie wollten, sondern im Zuge der Dienstverpflichtung wurde ihnen ein Arbeitsplatz zugewiesen. Meine Schwester wurde im Frühjahr 1942 im Rüstungskommando Berlin-Charlottenburg eingesetzt, wo sie die Akten der UK-Gestellten zu bearbeiten hatte. Die Buchstaben „UK“ standen für „unabkömmlich“ – in diesem Fall bedeutete es, dass diese Männer unabkömmlich für den Dienst in der Heimat waren, nicht etwa für den Dienst an der Front! Meine Schwester wunderte sich darüber, dass unter den Unabkömmlichen fast nur Offiziere waren und keine Mannschaftsgrade …

Nach einem weiteren Jahr hätte der Staat sie eigentlich noch nicht aus der Pflicht entlassen, eine Beschäftigung im „Kriegshilfsdienst“ wäre die nächste Station gewesen. Jedoch, es gab einen freundlichen Vorgesetzten im Rüstungskommando, der eine Tochter im gleichen Alter hatte und der – welch Zufall – „vergaß“, sie der entsprechenden Stelle zu melden. So bekam meine Schwester die Chance, im Frühjahr 1943 ihr Studium an der Musikhochschule zu beginnen.

Zur selben Zeit erhielt unser Bruder den Gestellungsbefehl. Er steckte mitten im Abitur am Kantgymnasium in Berlin-Spandau, einer interessanten Schule – obwohl er sie nicht gemocht hat –, weil der Direktor ein Antinazi war und weil auf sie vor allem Schüler gingen, die in dem Ruf standen, politisch nicht ganz „einwandfrei“ zu sein. Darüber wurde nicht deutlich gesprochen, aber unter den Eingeweihten war das offenbar bekannt. Zu den kleinen Fluchten dieser Schüler gehörten die heiß begehrten amerikanischen Schellackplatten, die sie gemeinsam hörten, die untereinander getauscht wurden und an die nur Leute mit außerordentlich guten Beziehungen herankamen, zum Beispiel über jemanden, der beim Rundfunk arbeitete und Zugang zum Plattenarchiv hatte … Die Könige des Swing und des Jazz, Glenn

Miller, Benny Goodman, Louis Armstrong und Duke Ellington, waren ihre Idole. Sie besuchten alle dieselbe Tanzschule am Lehniner Platz in Charlottenburg, weil man dort nach der verpönten „Negermusik“ tanzen konnte. Mein Bruder erinnert sich, dass dort flugs andere, den Nazis genehme Platten aufgelegt wurden, wann immer HJ-ler auf der Bildfläche erschienen, um zu kontrollieren, was dort im wortwörtlichen Sinne gespielt wurde.

Inzwischen hatte die Klasse das schriftliche Abitur und das Sportabitur absolviert, der Rest wurde ihnen mehr oder weniger nachgeworfen. Damit sie etwas in der Hand hätten, wenn sie aus dem Krieg heimkehrten, und nicht noch einmal zur Schule gehen müssten. Viele kehrten allerdings nie mehr heim.

Mein Bruder wurde zunächst zur militärischen Ausbildung nach Polen geschickt, sehr bald jedoch ging es weiter, an die Front, nach Russland. Beim Eid auf die deutsche Fahne mit dem Hakenkreuz hat er heimlich die kindliche Geste des „Blitzableiters“ mit der anderen Hand gemacht. Er kam zur Infanterie, wo Offiziere dringend gebraucht wurden, und seine Vorgesetzten staunten nicht wenig, als er ihnen erklärte, dass er nicht für die Offizierslaufbahn tauge. Auf die Frage, warum denn nicht – „Sie haben doch schließlich Abitur!“ –, machte er ihnen vor, er sei leider völlig unfähig, Befehle zu geben. („Doch nicht in diesem Regime“, erklärte er seiner Familie.) Aber Befehle ausführen, das könne er einwandfrei! Den Siegestaumel haben er und seine Kameraden nicht mehr erlebt, wohl aber alle Schrecken des Krieges. Sie sind nur noch „rückwärts marschiert“, getrieben von der Roten Armee, vor der sie alle Angst hatten. Die Schlacht um Stalingrad war schon vorüber. Er wurde zunächst Telegrafenbauhandwerker, machte dann einen Lehrgang als Funker, bekam wie alle, die die Strapazen des russischen Winters durchgestanden hatten, das Eiserne Kreuz zweiter Klasse und geriet am Ende als einfacher Soldat in russische Kriegsgefangenschaft, aus der er nach drei Jahren mit weniger als fünfzig Kilo Gewicht nach Hause zurückkehrte.

Die jüngere meiner beiden Schwestern hatte ihr Herz an eine alte Freundin unserer Großmutter gehängt, an unsere jüdische Nenntante

Alice. Um die alte Dame weiter besuchen zu können, hatte sie sich einen rührenden „Trick“ ausgedacht: Sie schlug ihren Mantelkragen hoch und hielt ihn fest, um bei Vorübergehenden den Eindruck zu erwecken, sie verberge ihren „Judenstern“. Als „Arierin“ tat sie besser daran, nicht beim Besuch eines „Judenhauses“ beobachtet zu werden. Alice Neumann hatte durch ihren Bruder, einen bekannten Zoologen, der schon früh in die USA gegangen war, bereits mehrmals die notwendigen Unterlagen für ihre eigene Auswanderung erhalten, aber sie jedes Mal an andere verschenkt. Sie sah durchaus, was in Deutschland geschah, und machte sich auch nichts vor – sie fand nur einfach, dass es wichtiger war, Jüngeren, die ihr Leben noch vor sich hatten, eine Chance zur Emigration zu geben. Als die Gestapo 1942 bei ihr in der Wohnung stand, um sie mitzunehmen, ging sie unter einem Vorwand in ihr Schlafzimmer und nahm Gift.

Allein in Berlin haben sich siebentausend Menschen ihrer Verschleppung in ein Konzentrationslager durch Selbstmord entzogen. Siebentausend Männer, Frauen und Kinder.

23

Unsere Mutter quälte die Sorge um ihren Sohn in Russland. Sie fieberte jedem Feldpostbrief entgegen, jeder Nachricht durch einen Kameraden, der, auf Heimaturlaub, Grüße überbrachte, und es machte sie überglücklich, wenn er selbst auf Urlaub kam. Es war ihr mit der Zeit zur Gewohnheit geworden, täglich zu den „rosa Schwestern“ in die Kapelle des nahe gelegenen Anbetungsklosters St. Gabriel zu gehen und dort zu beten. Das hat sie getröstet, und es hat sie, wie sie sagte, mit ruhiger Zuversicht erfüllt.

In der Westendallee rissen die Besuche aller Art nie ab. In den privaten Papieren wie auch in den archivierten Dokumenten finden sich viele Namen, die für mich Schall und Rauch sind. Andere dagegen sehe ich leibhaftig vor mir – entweder weil ich ihnen selbst begegnet bin oder aber weil Mutter sie so überaus plastisch geschildert hat.

So „sehe" ich die Bratschistin Frau M., die eine Zeit lang versteckt bei uns lebte. Meine Mutter hatte ihr respektlos den Spitznamen „Moses" gegeben – zum einen, weil sie ja wirklich eine Art Findelkind war, zum anderen aber, weil sie, nun ja, so unverwechselbar jüdisch aussah. Deshalb verhängte unsere Mutter so etwas wie ein Ausgehverbot bei Tage.

Im Haus ging aber alles seinen üblichen Gang. Eines Nachmittags beim Tee war noch ein anderer Gast zugegen, weder Jude noch sonstwie verfolgt, und fragte sehr nonchalant: „Erinnern Sie sich noch, Frau M., als wir uns das letzte Mal gesehen haben, beim Hauskonzert von Frau W.? Das muss schon Jahre her sein!" Der Gastgeberin fuhr der Schreck in die Glieder – wenn das nun der Falsche gewesen wäre, der die Frau nach so langer Zeit wiedererkannt hatte! Es wäre das Ende für die Musikerin gewesen. „Berlin ist doch kein Dorf – wer rechnet denn mit so etwas", entsetzte sich die Mutter. Freilich war es doch eher unwahrscheinlich, dass ein „Falscher" auch nur eine Tasse Tee von ihr angeboten bekommen hätte.

Die Zeit der ständigen Bombenangriffe und der zunehmenden Zerstörung machten das Überleben für die Illegalen manchmal etwas einfacher als zuvor. Als eine der erfolgversprechendsten Nachrichten galt es, wenn ein ganzes Polizeirevier mitsamt der Meldestelle und dem Aktenbestand in Schutt und Asche gelegt worden war. Mehr als einmal gelang es meiner Mutter, einen „Fliegerschein" für eines der „U-Boote" zu ergattern. Sie ging zu einer Dienststelle, gab an, eine bestimmte Person mit dem Namen Soundso sei ausgebombt worden und habe alles verloren, auch die kostbaren Lebensmittelmarken. Man musste als Adresse ein Haus nennen, das nicht mehr stand und das im Bereich eines zerstörten Reviers lag, damit niemand so rasch das Gegenteil beweisen konnte.

Auf diese Weise kam auch die Bratschistin zu einer legalen Lebensmittelkarte mit echtem Stempel und zog in ein anderes Versteck um.

In der Not wurden aber auch Stempel gefälscht. Die Fälschungsmethode des kleinen Mannes, sozusagen, war nicht sonderlich raffiniert, erfüllte aber ihren Zweck: Man nahm ein hart gekochtes Ei aus der Schale, rollte es einmal auf einem echten Stempel ab und übertrug den Abdruck wiederum durch Abrollen auf die gewünschte Unterlage …

Im Archiv des Zentrums für Antisemitismusforschung fand ich die folgende Geschichte: Die Ehefrau eines Arztes am Jüdischen Krankenhaus musste unbedingt aus Berlin herausgebracht werden, als Ziel wurde Wien angegeben. Es handelte sich um eine dieser Rettungsaktionen, in die mehrere Menschen involviert waren, weil sie anders nicht hätten funktionieren können. Von den Beteiligten kannte jeder nur ein Stückchen der ganzen Wahrheit. Meine Mutter bildete ein Glied in dieser Kette, aber den richtigen Namen der Frau hat sie nie erfahren. Ihre Aufgabe war es, einen Zettel zu schreiben, auf dem stand: „Suche Frau zum Strümpfestopfen und Ausbessern", Unterschrift: „Viel beschäftigte Mutter", dazu unsere Adresse. Diesen Zettel brachte sie, wie verabredet, an einem bestimmten Baum, einer dickstämmigen Platane vor unserem viel besuchten Postamt in der Reichsstraße, an. Viele Bäume waren damals, umlagert von Interessierten, übersät mit solchen Zetteln – gleichsam die Vorläufer der „Gesucht"„Gefunden"-Zeitungsrubriken von heute. „Suche Fleischmarken, biete Gabardinehose" oder „Ungetragene Herrenschuhe, Größe 46, gegen Fahrrad zu tauschen gesucht" und vieles andere mehr stand auf diesen Papierstückchen. Die Arztfrau also sollte zu der großen Platane gehen und mit dem Zettel in der Hand in der Westendallee bei der Mutter läuten. Eine Grundvoraussetzung war unabweisbar: Beide Parteien mussten einander vertrauen, obwohl sie sich niemals zuvor gesehen hatten. Die Frau kam, blieb ein paar Tage und half auch tatsächlich beim Ausbessern. Für den Fall, dass man ihr auf die Spur kommen sollte, hatte sich meine Mutter – wie stets – eine Ausrede zurechtgelegt. Sie hätte sich überrascht gezeigt und sich gerechtfertigt: „Wie sollte ich denn wissen, dass die Frau eine Jüdin ist? Ich brauche jemanden zum Strümpfestopfen, und die Frau wollte die Arbeit machen – ich war doch heilfroh! Finden Sie heute mal jemanden – da fragt man doch nicht erst nach dem Ausweis!"

Der erste Teil der Aktion verlief ohne Zwischenfälle. Der nächste Schritt war schwieriger, denn Mutters Hilfskraft brauchte Ausweispapiere. Der großzügigen Donata fiel trotz intensiven Nachdenkens nichts anderes ein, als der etwa gleichaltrigen Frau ihren eigenen Ausweis zu überlassen. Ganz wohl war ihr zwar nicht dabei, denn sie hatte dieses Dokument bereits zweimal als „verloren" melden und ein neues beantragen müssen. Aber nun denn, es schien keinen besseren Ausweg zu geben, und so wurde eine Inszenierung ersonnen. Frau Helmrich würde während des nachmittäglichen Berufsverkehrs auf einem bestimmten Bahnsteig im belebten Bahnhof Friedrichstraße in ihrer Handtasche kramen, dabei wie aus Versehen ihren Ausweis fallen lassen und so, als hätte sie es nicht bemerkt, weitergehen. Die Arztfrau sollte währenddessen bereitstehen, ihn dann aufheben und in einer anderen Richtung davongehen. – So geschah es.

Nachdem sie eine angemessene Zeit abgewartet hatte, begab sich Donata zur Bahnhofspolizei, um ihren Verlust anzuzeigen. „Na, nun regen Sie sich man nicht so auf – Sie kriegen Ihren Ausweis bestimmt wieder!", tröstete ein freundlicher Beamter die aufgeregte Frau. „Nein, den kriege ich eben sicher nicht wieder", jammerte sie, „ich hatte nämlich Brotmarken und noch einen Zehnmarkschein in der Ausweishülle" – „Na, dann haben Sie wohl leider Recht – so was bringt heute keiner zurück. Da müssen Sie zur Polizei gehen und sich einen neuen Ausweis ausstellen lassen." – „Ja, dann hilft es eben nichts", meinte die kleinlaut und bat die Beamten um eine Bestätigung, dass sie bei ihnen gewesen sei und den Vorfall gemeldet habe.

Auf der Polizeiwache machte man ihr ernste Vorhaltungen wegen ihrer Nachlässigkeit und stellte ihr in Aussicht, das neue Papier in drei Monaten abholen zu können. Nun folgte die nächste Szene: Mutter machte „auf hysterisch", wie sie es nannte. Sie zeterte, das komme überhaupt nicht infrage, ihr Mann sei schließlich Gebietslandwirt in Polen, ein sehr wichtiger Mann, und er erwarte, dass sie ihn besuche. Sie setzte ihren Willen durch. Aber als sie nach nur zwei Wochen den nagelneuen Ausweis abholen kam, sah ihr der Beamte auf der Meldestelle eindringlich in die Augen und meinte: „So, Frau Helmrich, hier ist das gute Stück – aber nun müssen Sie mir auch ganz fest versprechen, dass Sie ihn nie wieder – hören Sie: nie wieder! – verlieren." Meine Mutter war sicher, dass er ihr Spiel durchschaut hatte. Aber er sagte nichts weiter, und das war auch nicht nötig. Sie hatte ihn genau verstanden.

Wie es mit der Arztfrau weitergegangen ist, ob sie das Foto ausgetauscht hat oder den Namen im Ausweis hat ändern lassen, ob und wann sie nach Wien gelangt ist – falls das überhaupt wirklich ihr Ziel war –, ist nicht bekannt. Nachforschungen anzustellen wäre ausgeschlossen, weil viel zu gefährlich gewesen. Durch eine Mittelsperson hat die Mutter nur die kurze Nachricht erhalten, dass die Arztfrau – das war sie wohl tatsächlich – wohlbehalten entkommen sei.

24

Die veröffentlichte Meinung in dieser Zeit bestand – wie sollte es anders sein? – aus Propaganda, Lügen und Durchhalteparolen. Wer wissen wollte, was wirklich in der Welt geschah, hörte „Feindsender" ab. Selbstredend war das streng und bei Strafe verboten, und man durfte sich nicht dabei erwischen lassen. Der Empfang der deutschsprachigen BBC-Nachrichten muss auch von der technischen Qualität her recht gut gewesen sein. Bei uns wurden sie täglich gehört – in verminderter Zimmerlautstärke. Zu den Zehn-Uhr-Nachrichten gesellte sich öfter unser damaliger Briefträger Haibel hinzu, ein Sozialist und glühender Nazihasser. Offiziell bekam er einen Malzkaffee, damit sein „Päuschen" im Haus Nummer 99f nicht weiter auffiele, falls jemand fragen sollte. Natürlich trank er seinen Malzkaffee auch wirklich, das Wichtigste aber war ihm die ungeschminkte Information über die Weltlage.

Dieser Service der BBC für unseresgleichen begann – mir unvergesslich – mit den ersten vier Tönen von Beethovens Fünfter Sinfonie – bum, bum, bum, buuum! – der sogenannten Schicksalssinfonie. Welch feine Ironie! Diese vier Töne waren nicht nur ein Erkennungscode für Leute, die „Bescheid wussten", sie waren auch den Nazis und ihren Schnüfflern bestens bekannt. Meine Mutter dachte darum, sie höre nicht recht, als ihr eines Tages eine der (hilfreichen) Marktfrauen laut zurief: „'n Morgen, Frau Helmrich – heute schon bum, bum, bum, buuum gehört?" Die Angesprochene erschrak zu Tode und machte der Frau Vorhaltungen, zum Glück zog diese Unvorsichtigkeit jedoch keinerlei Konsequenzen nach sich.

Es war üblich, die Nachrichten des englischen Senders „per Mundfunk" weiterzugeben. Auf dem gleichen Wege, von Mund zu Mund, wurden auch andere wichtige Informationen übermittelt. In den Kreisen, in denen sich meine Mutter bewegte, wurden „zuverlässige" Adressen ausgetauscht, man erfuhr von anderen Hilfswilligen und notierte Telefonnummern, und man gab gegenseitig Tipps. Es war wie eine Art Börse.

So sehr man sich um Umsicht und Vorsicht bemühte, so sehr das ständige Auf-der-Hut-Sein zum Lebensgefühl geworden war – es gab immer wieder Momente, in denen etwas total Unvorhergesehenes passieren konnte, Momente des Erschreckens, in denen niemand sicher sein konnte, ob es diesmal gut gehe oder ob alles vorbei sei.

Eines Nachmittags erschien eine junge Frau bei der Mutter, eine flüchtige Bekannte aus der Nachbarschaft und rief, völlig außer Atem: „Gehen Sie um Himmels willen sofort zum Steubenplatz – da sitzen Ihre beiden ‚Ukrainerinnen' im Café, essen Eis und unterhalten sich in schönstem Wienerisch!" – „Ich also die Beine in die Hand genommen und nichts wie hin!", erzählte Donata. Sie hat die beiden Mädchen – es waren Susi und ihre Schwester Hansi aus Drohobycz – aus dem Café geholt und beschimpft. Sie war außer sich: „Ihr seid wohl vollkommen wahnsinnig geworden!" Susi: „Aber es war doch so herrlich." – „Ja, das glaube ich, aber es hätte auch ganz herrlich ins Auge gehen können!"

Die beiden entschuldigten sich und gelobten Besserung. Sie haben es nicht wieder getan.

Von der jungen Frau, die meine Mutter gewarnt hatte, erfuhr man nach dem Krieg, sie habe zwei Jahre lang ihre beste Freundin bei sich in der Wohnung versteckt gehalten und ihre schmalen Lebensmittelrationen mit ihr geteilt.

Donata war seit vielen Jahren mit Edith, einer jüdischen Frau aus Hamburg, befreundet, die mit ihrem „arischen" Mann und einer Tochter nunmehr in Berlin lebte. Alles schien in bester Ordnung zu sein – bis zu dem Zeitpunkt, als die Gestapo herausfand, dass das junge Mädchen nicht die leibliche Tochter von Ediths Mann war, wie es dieser immer behauptet hatte. Renate, so hieß sie, stammte aus der ersten, kurzen Ehe ihrer Mutter mit einem „Volljuden", der durch Selbstmord aus dem Leben geschieden war.

Alles ging blitzschnell. Die Gestapo wartete nicht, und als die Männer vor der Tür standen, um Renate abzuholen, sprang sie aus einem rückwärtigen Fenster der Parterrewohnung in den Hof und kam atemlos bei uns in der Westendallee angelaufen. Ein paar Tage blieb sie dort, aber nicht sehr lange.

Durch eine Information der widerständischen privaten „Nachrichtenbörse" hatte die Mutter von einem Segler erfahren, der von Pichelsdorf aus, einem Berliner Kiez am Ufer der Havel, nach Schweden unterwegs war. An mehreren Abenden tauchte eine Frau Schmidt in der Westendallee auf und bot der Mutter an, dass einer ihrer Schützlinge auf diesem Schiff mitfahren könne; sie würde das vermitteln. Ein Datum wurde genannt und die Verabredung getroffen, dass Renate an diesem Tag um acht Uhr abends unten am Steg in Pichelsdorf sein sollte.

Am vereinbarten Tag wurde Donata gegen Mittag unruhig. Im Laufe des Nachmittags bekam sie kalte Füße. „All die Jahre habe ich die verrücktesten Sachen gewagt", wunderte sie sich noch lange Zeit danach, „aber jetzt hatte ich plötzlich wahnsinnige Angst und spürte, irgendetwas stimmt hier nicht!" Und abends, als es so weit war aufzubrechen, beschwor sie Renate: „Du rührst dich nicht von der Stelle, du bleibst hier! Nur über meine Leiche gehst du zu dem Treffen mit diesem Segler!“ Renate blieb, und ein, zwei Tage später erfuhren sie, dass man den Segler geschnappt hatte, und von den Leuten, die an Bord waren, hat man nie wieder etwas gehört, auch nicht von Frau Schmidt – wenn sie überhaupt so hieß. „Und du hast auch nie herausgefunden, auf welcher Seite sie gestanden hat?“, habe ich die Mutter gefragt. – „Nein, das wusste man nicht, und es wäre auch unklug gewesen zu fragen.“ Man brauchte eben starke Nerven, dazu eine gute „Nase“ und eine Portion Glück.

Renate hat in den verbleibenden zwanzig Kriegsmonaten eine abenteuerliche Odyssee hinter sich gebracht. Von Berlin aus gelangte sie unter falschem Namen zu Mutters erstem Mann und dessen Familie auf dem Darß, wo sie als offiziell eingestellte „Haustochter“ arbeitete. Als es in dem kleinen Dorf brenzlig zu werden drohte und man die Entdeckung der wahren Identität der Zwanzigjährigen befürchten musste, ging sie zurück ins zerbombte Berlin. In der Folgezeit führte sie das gefährliche Leben einer Gejagten, mit falschem Namen und ziemlich dürftigen Ausweispapieren, die einer gründlichen Kontrolle kaum standgehalten hätten. Sie lebte in einem Kreis junger Leute, die sich vor den Nazis versteckten oder sie bekämpften oder auch beides. Diese Freunde auf Zeit halfen sich gegenseitig, so gut es ging, wechselten häufiger ihre „Bleiben“ und organisierten ihrerseits waghalsige Rettungsaktionen für andere. Die Selbstbehauptung der jüdischen Verfolgten ist häufig ignoriert worden. Das gängige Bild vom aktiven nichtjüdischen Retter und vom passiven jüdischen Opfer verstellt jedoch den Blick auf einen Teil der Realität. Diese jungen Leute riskierten viel – sie wollten selbst überleben, anderen dabei nach Kräften helfen, und sie wollten, in freilich sehr eingeschränktem Rahmen, selbst darüber bestimmen, wie sie sich ihr stets bedrohtes Leben einrichteten.

Eines Nachts packte Renate beim Löschen des Nachbarhauses so kräftig zu, dass der begeisterte Luftschutzwart sie für das Kriegsverdienstkreuz, eine Medaille für besondere Leistungen von Zivilpersonen, vorschlug. Pech für sie! Als sie davon erfuhr, verließ sie schleunigst und mit Bedauern ihren damaligen Unterschlupf und floh in einen anderen Teil Berlins.

Ihr nächster Schritt war eine bemerkenswerte Herausforderung an das Schicksal: Renate belegte einen Kursus für Fremdsprachensekretärinnen – eine unglaubliche, aber wiederum auch verständliche Idee: Schon als sie noch als „Halbjüdin“ geführt wurde, hatte sie nicht mehr die Oberschule besuchen dürfen. Sie hatte das sehr verständliche und normale Bedürfnis, „to get on with my life“, wie sie später in einem Brief aus ihrer neuen Heimat schrieb. Sie wollte einfach leben und ihre Zeit mit etwas ausfüllen, das sie auch später brauchen könnte. Misslicherweise kam eines Tages ein Herr vom Außenministerium in die Sekretärinnenschule und suchte ausgerechnet Renate als die Beste im Englischen für eine Arbeit in seinem Bereich aus. Wieder musste sie Hals über Kopf verschwinden und woanders untertauchen.

Bald nachdem der Stress und der Krieg vorbei waren, verließ sie Deutschland. Sie nahm ein Studium auf, zog erst in die Vereinigten Staaten, dann nach Südamerika und schließlich nach England. Nach Deutschland ist sie nicht mehr zurückgekehrt.

25

Im April des Jahres 1992 folgte ich einer Einladung, in verschiedenen Städten der USA über Deutschland und seine Ausländer- und Asylpolitik zu sprechen. In dieser Zeit verging kein Tag ohne Berichte über fremdenfeindliche Anschläge, abgefackelte Heime von Asylbewerbern und grölende Rechtsradikale, die mit Baseballschlägern auf Wehrlose einprügelten.

Besonders aufmerksam wurden diese Vorkommnisse im Ausland registriert, speziell an der Ostküste der Vereinigten Staaten von Amerika. Der Ausländerbeauftragten der Bundesregierung – dieses Ehrenamt

Stadträtin in München, Cornelia Schmalz-Jacobsen: 2. v. l.
H. Angermaier, München

hatte ich in jener Zeit inne – glaubte man vielleicht noch am ehesten, dass diese Bilder, so schrecklich sie waren, aber denn doch nicht mit Deutschland und seiner Bevölkerung gleichzusetzen seien. Auch die Tatsache – nicht als Entschuldigung gedacht! –, dass es neben der Bundesrepublik noch andere europäische Länder gab, in denen sich Rassismus breitmachte, schien man mir abzunehmen. Kritik an der unentschlossenen und höchst zwiespältigen Regierungspolitik war fraglos angebracht, aber es bedeutete keine Schönfärberei klarzustellen, dass sich die überwältigende Mehrheit der Deutschen entsetzt und beunruhigt zeigte angesichts der tagtäglichen Brutalität gegen Fremde.

Meine letzte Veranstaltung auf dieser Reise war die heikelste, und sie stand mir wie ein schwer zu überwindendes Hindernis bevor: Ich sollte in einer kleinen Stadt in New Jersey, eine halbe Auto- oder Zugstunde von New York entfernt, bei einer interreligiösen Feierstunde anlässlich des Holocaust-Gedenktages in der Synagoge der Gemeinde sprechen. Ich machte mir bange Gedanken, ob es gelingen könnte, den richtigen

Der neue Senat von Berlin, 17. April 1986; Cornelia Schmalz-Jacobsen, Senatorin für Jugend und Familie, 1. Reihe, 4. v. l., links neben ihr Eberhard Diepgen, Regierender Bürgermeister | Landesbildstelle Berlin

Ton zu treffen und die passenden Worte zu finden. Als der Abend nahte, hatte ich eiskalte Hände, konnte keinen Bissen herunterbringen, und meine Beine schienen aus Watte zu sein. Immerhin – hier kam eine deutsche Politikerin, eine Angehörige des Volkes der Täter, und es konnte gar nicht anders sein, als dass die meisten Leute im Publikum dies als Provokation empfinden mussten. Zwar wurde ich sehr freundlich von einem Gemeindemitglied eingeführt, das darauf hinwies, dass ich eine Tochter von „righteous gentiles", also von christlichen Rettern jüdischen Lebens sei, aber die Spannung im Saal war überdeutlich zu spüren.

Damals, als Kind in Berlin, hatte ich mir vorgestellt, dass meine Eltern, auf die ich so maßlos stolz war, nach dem Krieg sozusagen „ganz groß herauskommen" würden, und wir Geschwister mit ihnen. Das hatte sich dann rasch als Hirngespinst erwiesen, weil nämlich Widerstand und Rettung von Verfolgten keinen Menschen in Deutschland interessierten. Eine weitere Erfahrung sollte später hinzukommen: Im Ausland

Beauftragte der Bundesregierung für Ausländerfragen, Bonn, Oktober 1992
Contrast Press, Fotoagentur, Bonn

waren und blieben wir als Deutsche immer auch die Exponenten desjenigen Landes, das Millionen Menschen mit Krieg, Terror und Mord überzogen hatte. Irgendwann ist es dann – außer für einen selbst – überhaupt nicht mehr von Bedeutung, aus was für einer Familie jemand kommt, was Vater und Mutter getan haben – selbst dann nicht, wenn sie einen lebensgefährlichen Bruch mit ihrem Staat vollzogen hatten. Man gehört dazu, als Deutsche, da kann man sich drehen und wenden, wie man will, und Rechtfertigungsversuche sind unangebracht und überflüssig.

Das kluge Wort von der „Kollektivscham", geprägt vom ersten Bundespräsidenten unseres Landes, Theodor Heuss, wird noch lange seine Gültigkeit behalten. In Momenten wie dem, den ich an diesem Aprilabend zu bewältigen hatte, kann man es erfahren.

Und so empfand die deutsche Rednerin das Prekäre ihrer Situation – voller Unsicherheit, Bedrückung und Scham. Bleigewichte fielen von mir ab, als ich die Schlussworte gesprochen hatte und es Applaus gab.

Kaum war der offizielle Teil beendet, kamen zwei gut gekleidete Damen meines Alters mit ausgestreckten Armen auf mich zu. „So wonderful to meet you!“, riefen sie aus, eine stereotype Floskel der Amerikaner – „Schön, Sie kennenzulernen“ –, aber in diesem Falle ernst gemeint. Die beiden Frauen hatten auf mir unerfindlich gebliebene Weise davon erfahren, dass die Tochter von Eberhard Helmrich zu dieser Feierstunde komme, hatten sich ins Auto gesetzt und waren zwei Stunden gefahren, um mich zu begrüßen. Sie erzählten mir, dass sie ursprünglich aus Drohobycz kämen, wie mein Vater – „der gütigste Mensch, den man sich vorstellen kann“ – für ihre Familien gesorgt habe und dass sie ihm ihr Leben verdankten. Sie erzählten und erzählten, tief bewegt hielten wir uns in den Armen, und die Tränen liefen uns übers Gesicht. Ich glaube, dass wir alle drei in diesen Minuten sehr glücklich waren.

Erst im Nachhinein wurde mir bewusst, dass wir ganz und gar vergessen hatten, unsere Adressen auszutauschen, und leider sind mir auch die Namen der beiden Frauen kurz nach unserer Begegnung wieder entfallen. Möglicherweise haben wir es aber gar nicht wirklich „vergessen“, sondern instinktiv gespürt, dass es allein auf den Moment der Begegnung ankam, dass er auch nicht wiederholbar sein würde und darum alles Weitere unerheblich.

Allerdings war mir ein Name, den sie erwähnt hatten, im Gedächtnis haften geblieben: Feit – Irene Feit. Merkwürdig, dass ich mich an diesen Namen noch Tage später als einzigen erinnerte. Das mochte damit zusammenhängen, dass ich in meiner früheren journalistischen Tätigkeit eine Frau mit demselben Nachnamen gekannt hatte. Daher war er mir geläufig. In dem kurzen Gespräch in der Synagoge hatte ich nun erfahren, dass eine Irene Feit meinen Vater in den USA ausfindig gemacht und etwas mit seiner Ehrung durch den Staat Israel zu tun hatte.

Ich machte mich also auf die Suche im Internet, und nach mehreren Telefongesprächen mit den „falschen“ Feits fand ich die „richtigen“ – Irene und Michael Feit in Highland Park im Staat Illinois. Der Anruf der fremden Frau aus Deutschland überraschte sie, wenn auch nur für wenige Sekunden. Dann überstürzten sich die Worte, und wir redeten. Oder besser: Irene redete, und ich hörte ihr zu. Sie hatte Eberhard Helmrich in Drohobycz kennengelernt – oder sollte man sagen: sie hatte ihn erlebt?, denn sie sagte gleich zu Beginn unseres Gesprächs: „Seine Güte und Warmherzigkeit waren unvorstellbar." Dann konnte sie nicht mehr weitersprechen – sie schluckte heftig in der Erinnerung an die rettende Begegnung in einer mörderischen Zeit.

Nach und nach erzählte mir Irene ihre Geschichte.

26

Irene Feit ist eine ruhige, souveräne, weißhaarige Frau mit ernsten Gesichtszügen. Eine Amerikanerin der Mittelschicht, die mit ihrer Familie in angenehmen Lebensumständen zu Hause ist. Doch immer wenn die Rede auf die schrecklichsten drei Jahre ihres Lebens kommt, nach denen nichts mehr so war wie zuvor, dann ringt sie um Fassung. Immer wieder hindern Tränen sie am Weitersprechen – die Bilder und die Empfindungen aus einer lange zurückliegenden Zeit scheinen nur einen Wimpernschlag entfernt zu sein. In Sekundenschnelle sind sie in allen Details wieder gegenwärtig und schmerzen. Und hören nicht auf zu schmerzen.

Ihre Kindheit war schön und unbeschwert. Irene gibt sich alle Mühe, ihrem Gegenüber dieses ruhige und behütete Leben nahezubringen. Sie ist die Tochter jenes Arztes Dr. Leon Miszel, der in der Anfangszeit der deutschen Besatzung im Jüdischen Krankenhaus von Drohobycz arbeitete und von Eberhard Helmrich Lebensmittel für seine Patienten erhielt. Von ihm war bereits die Rede.

Leon Miszel stammte aus einem kleinen Ort, etwa dreißig Kilometer von Drohobycz entfernt, aus Stryj. Seine Frau Berta kam aus Westpolen. Nach dem Medizinstudium in Wien, durch das er sich gemeinsam mit seinem Bruder redlich hindurchgehungert hatte, heirateten die beiden Brüder zwei Schwestern und ließen sich in ihrer Heimat nieder. Leon Miszel zog mit seiner jungen Frau nach Drohobycz, weil ihm die Aussichten in diesem „polnischen Texas“ mit seiner friedlichen, gemischten Bewohnerschaft vielversprechend erschienen. Im Jahr 1922 wurde Halina, die erste Tochter geboren, drei Jahre später, im Juli 1925, kam Irene zur Welt. Sie lebten in einem schönen Haus, in dem auch die Praxis des Vaters untergebracht war – es ging ihnen gut.

Eine jüdisch-religiöse Erziehung hätten sie eigentlich nicht erhalten, erinnert sich Irene, denn es gab kein Reformjudentum in der Stadt, und mit dem chassidischen, orthodoxen Judentum hatten die Eltern nichts im Sinn, es war ihnen fremd.

Die ersten sechs Schuljahre absolvierte Irene an einer öffentlichen Schule, danach musste sie ein Privatgymnasium besuchen, da es kein öffentliches Mädchengymnasium gab. Zu diesem Zeitpunkt, im Alter von zwölf Jahren, machte sie zum ersten Mal Bekanntschaft mit dem Antisemitismus, der sich im Verhalten polnischer Mitschülerinnen äußerte. Irene fiel aus allen Wolken, und plötzlich wurde ihr klar, dass die Miszels fast nur mit anderen jüdischen Familien verkehrten.

Als der Krieg begann und die Russen kamen, „da war es für uns Kinder immer noch schön, denn eigentlich hatte sich nichts verändert – im Sommer fuhren wir mit Pferd und Wagen umher, im Winter mit dem Pferdeschlitten“, erzählt sie. Für die Eltern hingegen veränderte sich einiges – in ihrem Haus waren russische Soldaten einquartiert worden, und sie mussten enger zusammenrücken.

Die Monate vergingen, die deutsche Wehrmacht war erfolgreich, und unter den Juden machte sich ein Gefühl von wachsender Ungewissheit und Sorge um die Zukunft breit. Die jungen Leute kümmerte das alles wenig, es ging ihnen gut, die Russen waren freundlich zu ihnen. „Außerdem hatten wir jede Freiheit“, erinnert sich Irene – eine vielleicht ein bisschen schön gefärbte Sicht –, „und an schwere Zeiten will man doch sowieso nicht glauben, wenn man jung und fröhlich ist.“ Nachdem Deutschland den Hitler-Stalin-Pakt gebrochen und die Sowjetunion überfallen hatte, wurde in den Familien und im Freundeskreis erörtert, ob es besser wäre, mit den Russen fortzugehen oder zu Hause abzuwarten, was geschehen würde. „Jeder hätte gehen können", sagt Irene, „aber meine Eltern beschlossen zu bleiben."

Fast wäre es jedoch anders gekommen, denn die Russen nahmen den Doktor einfach mit, als sie abzogen. Kaum im Zugabteil, täuschte dieser einen Herzanfall vor, man ließ ihn gehen, und er kehrte schleunigst zu seiner Familie nach Drohobycz zurück. Dort sollten sich die Lebensumstände der jüdischen Bevölkerung rasch ändern.

Als die SS eintraf, beschlagnahmte sie das Haus von Leon Miszel und schloss seine Praxis.

Die Familie fand eine neue Bleibe, aber die sechzehnjährige Irene durfte nicht mehr in die Schule gehen, und auch ihre Schwester, die in Lemberg ein Medizinstudium begonnen hatte, musste die Universität verlassen. Halina hatte sich dort in einen Kommilitonen verliebt, die beiden heirateten und zogen nach Drohobycz.

„In der ersten Zeit ging es uns noch verhältnismäßig gut", erinnert sich Irene. „Durch die Tätigkeit meines Vaters waren wir einigermaßen geschützt, er arbeitete im Krankenhaus, und er hatte auch deutsche Patienten, und so kamen wir irgendwie zurecht." Sie mussten nicht im Getto leben, und Irene bekam gemeinsam mit anderen jüdischen Jugendlichen heimlich „Privatunterricht" zu Hause, erteilt von ebenfalls jüdischen Lehrern, die ihre Anstellung an der Schule verloren hatten.

Sie lebten von einem Tag zum nächsten, und sie machten keine Pläne. Es war ihnen bewusst, was um sie herum geschah, dass im Getto die Leute wahllos erschossen wurden, dass alles, was den Besatzern nicht passte, unter schwerer Strafe stand – „und Strafe hieß immer Todesstrafe" –, und dass ihre Situation sich weiter verschlechtern würde. Allerdings hatten sie sich das ganze Ausmaß des Grauens, der noch auf sie zukommen sollte, nie und nimmer vorzustellen vermocht.

Im ersten Winter der Besatzung kam ein Pole zu Dr. Miszel und bat ihn inständig, zu einer Frau zu kommen, die an einer Lungenentzündung erkrankt sei. Das Problem war, dass die Frau außerhalb der Stadt lebte und dass der Jude Miszel seinen Wohnort nicht verlassen durfte. Nach kurzem Überlegen folgte er seinem ärztlichen Eid und nicht den Vorschriften der deutschen Herrenmenschen, nahm seinen Judenstern ab und fuhr mit dem Polen zu der Kranken. Unter den Bedingungen des Terrors fügen sich die meisten. Einige aber nicht! Tatsächlich konnte die Frau geheilt werden, und sein streng verbotener Patientenbesuch blieb unentdeckt.

Im Herbst 1942 wuchs die Gewissheit unter der jüdischen Bevölkerung Galiziens, dass es mit ihr zu Ende gehen würde und dass niemand verschont bliebe. Viele, auch Irenes Eltern, fassten den Entschluss, alles zu unternehmen, um wenigstens ihre Kinder zu retten. Leon Miszel besorgte für seine beiden Töchter und den Schwiegersohn „arische" Papiere und teilte das Geld, das er noch besaß, unter ihnen auf. Das junge Paar ging nach Warschau und konnte dort überleben. Für Irene wurde eine Arbeitsstelle in einem Postamt in Lemberg gefunden – aber wie sollte sie unerkannt dorthin gelangen?

Doktor Miszel bat seinen „alten Bekannten" Helmrich um Hilfe. Der besorgte ein Zimmer in Lemberg, wo Irene mit falscher Identität zur Untermiete wohnen konnte, und sein Fahrer Janek Wojnar betätigte sich wieder einmal als Menschenschmuggler und brachte das junge Mädchen heil an sein Ziel.

Irene war siebzehn Jahre alt und zum ersten Mal in ihrem Leben allein und nur auf sich gestellt.

Sie stürzte sich in ihre ungewohnte Tätigkeit. Der Arbeitstag war lang, die freie Zeit sehr knapp, und das empfand sie in ihrer Verlassenheit als segensreich. Während des Briefesortierens bemerkte Irene einen sonderbaren Geruch, der ständig in der Luft lag und niemals nachzulassen schien. Auf ihre Frage erklärten die Kollegen von der Post, in unmittelbarer Nähe befinde sich ein Krematorium, das Tag und Nacht in Betrieb sei. Das berüchtigte Lemberger Janowska-Lager war nicht weit entfernt. „Ich habe den Geruch noch heute in der Nase, ich bin ihn nicht mehr losgeworden." Irene schluckt. „Ich weiß, wie es riecht, wenn Menschen verbrannt werden."

In dieser Zeit, so erzählt sie, hat sie sich häufig in eine nahe gelegene katholische Kirche begeben. „Das war ein guter Platz, wo man ungestört sitzen und weinen konnte."

Ein paar Monate lang ging das gut. Aber eines Tages schnappte Irene während der Arbeit zufällig eine Bemerkung auf: „Hier bei euch soll ein jüdischen Mädchen sein", sagte eine unbekannte Stimme. Da wusste sie, dass nur sie gemeint sein konnte, und floh Hals über Kopf zum Bahnhof. Zum Glück hatte sie noch etwas von dem Geld, das ihr die Eltern mitgegeben hatten, und so konnte sie von einem der „Flüsterer" – „Brauchst du etwas? Was soll ich dir beschaffen?" – eine Fahrkarte nach Stryj kaufen, um zu ihrem Onkel zu gelangen. Nach Drohobycz zu fahren erschien ihr zu gefährlich. Die Wartezeit auf dem Bahnhof und auch die nicht eben lange Fahrt nahmen kein Ende, denn Irene hatte panische Angst, als Jüdin erkannt zu werden. „Die Deutschen waren darin nicht besonders gut, wohl aber die Ukrainer, die überall herumliefen. Und die halfen den Deutschen nur zu gern!", erinnert sie sich.

Irene hatte Glück und kam wohlbehalten bei ihren Verwandten an. Dort aber konnte sie nicht bleiben, darum nahm der Onkel sofort Kontakt zum „Judenrat" auf, und der informierte Irenes Eltern. Leon Miszel wandte sich daraufhin an den Kreislandwirt und bat ihn um Hilfe. Für das Ehepaar Miszel hatte sich in der Zwischenzeit auch einiges verändert – beide waren in ein Arbeitslager überstellt worden, Helmrich hatte noch dafür sorgen können, dass der Arzt auf einer Sanitätsstation Hilfsdienste verrichten konnte. Als Mediziner durfte er nicht mehr tätig sein.

Wieder einmal wurde der polnische Fahrer Wojnek losgeschickt, um Irene zu holen. Helmrich ließ sie in seine Wohnung kommen, weil ihm dies momentan als der sicherste Ort für die junge Frau erschien. Dort traf sie ihn zum ersten Mal, und während sie von dieser Begegnung erzählt, die erlösend und befreiend gewesen sein muss, laufen ihr Tränen über das Gesicht: „Er hat mir die Hand gegeben und mich mit meinem Namen angesprochen" – sie scheint es immer noch nicht ganz glauben zu können. „Verstehen Sie: Dieser gut aussehende, vornehme Deutsche hat mir tatsächlich die Hand gegeben. Und er hat ganz ruhig und freundlich zu mir gesprochen!“ Sie frage sich manchmal – so sagt sie mir –, ob heute wohl irgendeiner, der nicht unter ähnlichen Umständen habe leben müssen, auch nur im Entferntesten ermessen könne, welche moralische Wirkung (sie spricht von „value“, von Wert) es gehabt habe, wenn ein deutscher Beamter der Besatzungsmacht einem Juden mit Respekt entgegengetreten sei. „Ich fühlte mich plötzlich wieder wie ein richtiger Mensch.“

Zwei Wochen blieb sie im Versteck in meines Vaters Wohnung. Währenddessen erhielt sie neue „arische“ Papiere und arbeitete für eine kurze Zeit als Polin, stets in der Gefahr, wiederum enttarnt zu werden. Dann geschah abermals so etwas wie ein Wunder: Die polnische Bauersfrau, die Irenes Vater von ihrer Lungenentzündung kuriert hatte, erkundigte sich, ob jetzt sie etwas für Leon Miszel tun könne. Er bat darum, nicht ihn und seine Frau, sondern seine Tochter vor den Mordkommandos zu verstecken. Und so wurde Irene heimlich in das Haus der Familie Kozlowski gebracht. Sie beschreibt die Armut dieser Leute und deren Großherzigkeit, die sie ihr durch vierzehn lange Monate bis zum Abmarsch der Deutschen erwiesen haben. „Sie haben mich wie einen Gast behandelt, obwohl sie genau wussten, dass sie mit dem Tod rechnen mussten, wenn man mich gefunden hätte.“ Irene blieb die ganze Zeit auf dem Dachboden, sie begann Pullover und Socken in ihrem traurigen Exil zu stricken, die ihre Gastgeber verkaufen konnten, und sie las alles, was die Familie für sie auftreiben konnte. (Unter anderem machte sie Bekanntschaft mit „Pu, der Bär“, einem Buch, das sie viele Jahre später, nachdem sie in die USA emigriert war, in einem New Yorker Schaufenster wiederentdeckte.) Die gleichaltrige Tochter der Bauernfamilie brachte ihr regelmäßig zu essen und zu trinken, „und sie kam regelmäßig, um meinen Nachttopf zu holen und auszuleeren“; ihr sei das sehr peinlich gewesen, aber das Mädchen habe dies mit gleich bleibender Freundlichkeit für sie getan. „Sie hätte doch auch irgendwann zu viel kriegen und ärgerlich mit mir werden können“, wundert sie sich noch heute.

In all diesen Monaten wusste Irene nichts von ihren Eltern, und sie musste befürchten, dass sie nicht mehr lebten. Denen war es jedoch gelungen, für sich selbst ein Versteck bei mutigen, mitleidigen Polen zu finden, wo sie gemeinsam mit siebenunddreißig anderen Verfolgten überleben konnten. 5632 polnische Retter sind bis heute auf Vorschlag Geretteter von Yad Vashem geehrt worden, die weitaus größte Zahl aus einem einzelnen Land.

Unmittelbar nach der Befreiung begann für alle Überlebenden des Holocaust die schreckliche Zeit zwischen inständigem Hoffen auf ein Wiedersehen mit vertrauten Menschen und abgrundtiefem Bangen, niemanden mehr am Leben zu finden. Sie machten sich auf die Suche nach ihren Verwandten. Die Familie Miszel gehörte zu den ganz wenigen, in denen sowohl Vater und Mutter als auch die beiden Töchter und der Schwiegersohn den Terror überlebt hatten. Alle anderen Verwandten, die Geschwister der Eltern und deren Familien, waren bis auf einen ausgelöscht.

Irene erinnert sich, dass viele Hochzeiten – und die Überlebenden gründeten überall sehr bald neue Familien – im Haus ihrer Eltern stattfanden. Sie fungierten sehr häufig als Trauzeugen, weil es ja sonst kaum heil gebliebene Familien gab.

Als die Verhältnisse sich zu normalisieren begannen – wenn man das in diesem Zusammenhang überhaupt so nennen darf –, eröffnete Leon Miszel wieder seine Arztpraxis, die ältere Tochter und deren Mann führten ihr Studium fort, und Irene ging zurück auf die Schule. „Die Schule war ein Witz, wir lernten fast nichts, sie packten den Stoff von zwei Schuljahren in eines“, erzählt sie. „Aber wenigstens bekam ich dort mein Abschlusszeugnis.“

Nach dem ersten Glück des Sich-Wiederfindens geschah nun etwas Erschreckendes, Unerwartetes: Irene berichtet von einem erdrückenden Ansturm von Schuldgefühlen: Warum habe ich überlebt, warum nicht andere statt meiner? Sie erzählt von den qualvollen Vorwürfen, die gerade sie, die Jungen, sich gemacht hätten: Warum haben wir das zugelassen? Hätten wir nicht doch etwas tun können? Während des allgegenwärtigen Mordens sei es etwas anderes gewesen – da habe man die Welt um sich herum sehr zynisch betrachtet: „Sie haben meine Freundin umgebracht? Na schön, ich habe noch eine kleine Atempause – dann holen sie mich eben morgen! Einen Tag gewonnen." Damals hatte es diese sarkastische Interpretation von „Glück" gegeben: Ein Glück war, wenn jemand ganz plötzlich starb, ein zweites Glück, wenn jemand an Ort und Stelle erschossen wurde.

Aber nun? Jetzt waren sie die Davongekommenen, und sie würden es für immer bleiben. Die anderen aber, die holte niemand mehr zurück! Irene schildert, wie sie sich angewöhnt hat zu rauchen, eine Zigarette nach der anderen, und wie sie und ihre Altersgenossen sich bis zur Besinnungslosigkeit betrunken haben. Aus Zufall überlebt, aus Zufall umgebracht – wie sollten sie damit fertigwerden?

Der Fortgang der Geschichte ist rasch erzählt: Als polnische Staatsangehörige erhielt die Familie Miszel die Erlaubnis, die Stadt Drohobycz, die fortan zur Ukraine gehörte, zu verlassen und sich irgendwo in Polen, möglichst in den ehemaligen deutschen Gebieten, anzusiedeln. So zogen sie westwärts, zunächst nach Gleiwitz, dann weiter nach Breslau. Irene jedoch hielt es nicht in Polen, sie glaubte nicht an eine gute Zukunft für sich und ihresgleichen, immer wieder hatte es auch antijüdische Ausschreitungen gegeben. Sie wollte nach Amerika auswandern, und so ging sie nach Beendigung der Schule nach Frankfurt am Main in ein Lager für „displaced persons". Sie musste dort lange Zeit warten, denn die Quote für polnische Emigranten war klein. Sie wollte die Zeit nutzen und begann ein Studium an der Universität. Mit Unbehagen erinnert sie sich an viele Deutsche, die angeblich von nichts gewusst hatten. Ungefragt hätten die meisten umgehend von ihrer Gegnerschaft zum Nazitum berichtet, und Irene erzählt, dass sie diese Übereifrigen manchmal mit der Frage: „Ja, wo sind denn all die Nazis geblieben?" in Verlegenheit zu bringen versucht habe.

Im Jahr 1949 – übrigens im selben Jahr wie mein Vater – erhielt sie die Erlaubnis, in die USA einzuwandern, wo sie sich dann in New York von Job zu Job hangelte. 1956 hat sie dort ihren Mann, Michael, einen

Überlebenden aus dem ehemals polnischen Tarnopol, geheiratet. Sie bekamen zwei Töchter, denen sie lange nichts von ihrer Vergangenheit erzählt haben. 1958 haben sie Irenes Eltern nachholen können, später auch ihre Schwester und ihren Schwager.

Als gruseliges „Andenken" hat Irene ihren „Arbeitsausweis" von 1942 aufbewahrt. In deutscher Sprache, mit Hakenkreuz und Adler.

27

„Jeder Überlebende kann von einem Rettungswunder erzählen", hatte Irene Feit gesagt, und ich habe viele solcher Wunder geschildert bekommen oder von ihnen gelesen. Es ist kaum zu glauben, wie unterschiedlich diese Geschichten sind, wie anrührend, überwältigend, ermutigend, verrückt und manchmal auch haarsträubend. Sie umfassen die ganze Palette von Mut und Mitleid, von Geistesgegenwart und aberwitzigen Einfällen, zu denen Retter wie Gerettete fähig waren.

Zurück nach Drohobycz, in die Zeit 1941/1942.

Den Namen „Backenroth" haben sowohl mein Vater als auch meine Mutter öfter erwähnt. Lange Zeit wusste ich nicht, ob er eigentlich ein jüdischer oder ein „arischer" Pole war. In meiner Erinnerung verband ich diesen Namen mit der Vorstellung von einem „tollen Kerl", einer Art Tausendsassa. Und diese Fantasie war gar nicht so falsch, wie ich inzwischen weiß, nach allem, was ich über diesen Mann erfahren habe. Tatsächlich war er Jude, und er hatte die zweifelhafte Aufgabe, den Verbindungsmann zwischen Judenrat und Sicherheitspolizei abzugeben. Naftali Backenroth, Ingenieur von Beruf, muss ein stabiles Naturell gehabt haben, denn er hat sich von den niemals endenden Schrecken um ihn herum nicht lähmen lassen; im Gegenteil, sie mobilisierten seinen ganzen Einfallsreichtum und all seine Tatkraft. Er bemühte sich, den „Judeneinsatz" so zu organisieren, dass möglichst viele seiner Schützlinge bessere Überlebenschancen bekamen. Ein weiteres Ziel, das er mit Entschlossenheit verfolgte, bestand darin, das Interesse des besonders brutalen SS-Hauptscharführers Felix Landau für einigermaßen friedliche Aktivitäten zu wecken. Dieser SS-Mann, gebürtiger Wiener, Chef des jüdischen Arbeitseinsatzes, war gewissermaßen SS-Adel und hatte damit viele Freiheiten. Mit anderen Worten: Er konnte seinen sadistischen Neigungen freien Lauf lassen. Was ihn adelte, war der „Blutorden der NSDAP", den die Nazis ihm verliehen hatten. Die Ordensbezeichnung lässt einen schaudern – die Bilder von all den hingemordeten Menschen werden wach. Natürlich war die Bedeutung dieses Namens eine andere, eine blitzsaubere sozusagen.

Bereits im Sommer 1941 nahm dieser Mann an Erschießungen von jüdischen „Intelligenzlern" im Wald von Bronitza teil. In seinem Kriegstagebuch, das Anfang der sechziger Jahre bei dem Prozess gegen ihn vorlag, schildert Felix Landau seinen „Einsatz" folgendermaßen:

„Um 6 h. werde ich plötzlich aus meinem schweren festen Schlaf geweckt. Zur Exekution antreten. Nun gut, spiele ich halt noch Henker und anschließend Totengräber, warum nicht. Es ist doch eigentümlich, da liebt man den Kampf und dann muss man wehrlose Menschen über den Haufen schießen. 23 sollen erschossen werden, darunter befinden sich die schon erwähnten 2 Frauen. Sie sind zu bestaunen. Sie verweigerten von uns auch nur ein Glas Wasser anzunehmen. Ich werde als Schütze eingeteilt und habe eventuell Flüchtende zu erschießen. Wir fahren die Landstraße einige km entlang und gehen dann rechtsseitig in einen Wald. Wir sind nur 6 Mann augenblicklich und suchen nach einem geeigneten Platze, für Erschießen und Vergraben geeignet. Nach wenigen Minuten haben wir so etwas gefunden. Die Todeskandidaten treten mit Schaufeln an, um ihr eigenes Grab zu schaufeln. Zwei weinen von allen, die andern haben bestimmt erstaunlichen Mut … Die Todeskandidaten werden in 3 Schichten eingeteilt, da nicht so viele Schaufeln hier sind. Eigentümlich in mir rührt sich gar nichts, kein Mitleid – nichts – es ist eben so – und damit ist für mich alles erledigt … Langsam wird das Loch immer größer. Zwei weinen ununterbrochen; ich lasse sie immer länger graben, da denken sie sich nicht so viel. Während der Arbeit sind sie auch tatsächlich ruhiger. Die Wertgegenstände wie Uhren und Geld werden auf einen Haufen zusammengelegt. Die zwei Frauen werden als erste, nachdem alle auf einen freien Platz nebenan gebracht wurden, zum Erschießen auf das eine Ende der Grube aufgestellt. Zwei Männer wurden bereits von unserem K. K. a. p. [Kriminalkommissar auf Probe] im Gebüsch erschossen … Die Frauen treten ruhig und gefasst an die Grube, drehten sich um. Sechs Mann hatten wir nun diese zu erschießen. Die Einteilung wurde getroffen, 3 Mann auf Herz, 3 auf Schädl, ich nehme Herz. Die Schüsse fallen und die Gehirnmassen schwirren durch die Luft. Zwei auf Schädel ist zuviel, sie reißen fast den ganzen Schädl weg. Fast alle sinken lautlos zusammen. Nur bei zweien klappt es nicht, sie heulen und winseln noch lange. Die Revolverschüsse taugen nichts. Bei uns beiden, die wir zusammen schießen, ist kein Versagen. Die vorletzte Gruppe muss nun die bereits vorher Erschossenen in das Massengrab werfen, dann müssen sie sich aufstellen und fallen auch und zwar von selbst hinein. Die letzten 2 müssen sich auf den vorderen Rand des Grabes setzen, damit sie gleich richtig hineinfallen. Nun werden noch einige Leichen mit der Spitzhacke umgeschichtet und dann beginnen wir die Totengräberarbeit. Hundemüde komme ich zurück, und nun geht es wieder an die Arbeit, alles im Gebäude in Ordnung zu bringen."

In der Folgezeit fanden alle „Judenerschießungen" von Drohobycz und Umgebung in diesem Wald statt. Landau nennt das in seinem Tagebuch „Übersiedlungen", und diese wurden zur Routine. (Diese Bestie wurde 1946 von den Amerikanern in Linz verhaftet, konnte aber aus dem Internierungslager fliehen. Bis 1958 lebte er unter falschem Namen als biederer Selbstständiger in der Bundesrepublik, bis er – endlich – 1962 vom Landgericht Stuttgart zu lebenslanger Haft verurteilt wurde.)

Verbindungsmann Backenroth hatte damit begonnen, feste Arbeitsgruppen zusammenzustellen – Rettung durch Arbeit! Er organisierte einen Handwerkerdienst und eine technische Leitung für immer neue Bauvorhaben. So kam er auf die Idee, den Herren von der SS den

Bau einer Reithalle vorzuschlagen, und das schlug bei denen ein – besonders bei Landau. Als die Halle im Mai 1942 eingeweiht wurde, ernannte ihn sein Vorgesetzter zum Beauftragten für den „Dienst am Pferde", und fortan vergnügte er sich mit Reitstunden. Was wie eine grausige Kostprobe schwarzen Humors anmutet, war Teil des täglichen Irrsinns, aber auch Teil der Umsicht des Ingenieurs Backenroth. Bald arbeiteten unter seiner Aufsicht bei den verschiedenen Bauprojekten etwa zweihundert Juden, und damit waren sie den Todeskommandos entzogen. Zumindest vorläufig. Ganz nebenbei, sozusagen, gelang es Backenroth in dieser Zeit, vorsorglich Verstecke ausfindig zu machen oder bereits eingerichtete auszubauen.

Backenroth muss ein imponierender Mann gewesen sein – einer, der Autorität und Gelassenheit ausstrahlte. Selbst bei der Gestapo respektierten sie ihn. Zu schade aber auch, dass dieser stattliche Mann mit seinen leuchtenden blauen Augen ein Jude war!

In dieser Zeit begegneten er und Helmrich sich zum ersten Mal, und Backenroth schilderte später in einem Interview, wie das gewesen ist: „Eines Tages – ich war bei der Arbeit –, da kommt der Bürgermeister von Drohobycz auf mich zu, ein guter, alter Bekannter, und in seiner Begleitung ist ein großer, gut aussehender Deutscher. Das war Helmrich. Der sagte zu mir, dass er einen Mitarbeiter wie mich brauche und dass er mir das übliche Gehalt dafür zahlen würde. Darauf ich: ‚Es tut mir Leid, aber ich bin als Zwangsarbeiter beschäftigt, und wenn ich für Sie arbeite, dann bin ich ein Kollaborateur.' Und daraufhin sah er mich so komisch an und sagte nur: ‚Was reden Sie denn da?' – und in diesem Moment wusste ich, dass er ein guter Mann war." An diesem Tag wurde ein offizielles Arbeitsverhältnis besiegelt. Aber darüber hinaus wuchs und vertiefte sich eine Freundschaft zwischen den beiden Männern, sie wussten, dass sie sich gegenseitig vollkommen vertrauen konnten, und ihre heimliche, unheimliche „Teamarbeit" zur Rettung der Verfolgten fußte auf diesem Vertrauen. Sie informierten sich gegenseitig über alles Wissenswerte, und oft konnte Helmrich den Ingenieur vor drohenden „Aktionen" warnen. Sie müssen eine gewisse Seelenverwandtschaft gehabt haben in ihrer Unerschrockenheit, ihren nüchternen Überlegungen und ihrer Hilfsbereitschaft. Backenroth kannte mit der Zeit ungefähr fünfzehn verschiedene sichere Verstecke, und er hat vielen Menschen das Leben gerettet. Auch das seines Neffen Emmanuel Weintraub, der heute in Paris lebt und mir davon berichtet hat.

Aber trotz all seiner Autorität, trotz seiner beachtlichen Geistesgegenwart wurde die Lage auch für Naftali Backenroth immer gefährlicher. „Wir müssen etwas machen, uns muss irgendetwas einfallen, so kann es nicht weitergehen" – so beschworen ihn seine Freunde, und so sagte er vielleicht auch zu sich selbst.

Die rettende Idee klingt absolut unglaublich, aber sie wurde in die Tat umgesetzt. Ein wahrhaft tolldreistes Szenario wurde entwickelt – wem es eingefallen ist, weiß niemand mehr zu sagen, aber möglicherweise war es auch als Gemeinschaftsidee entstanden. Jedenfalls wurde im Frühling 1943 plötzlich das Gerücht in Umlauf gebracht, Backenroth sei gar kein Jude. Leider handle es sich um eine sehr peinliche, ja sogar ehrenrührige Geschichte, über die keiner von denen, die darüber Bescheid wüssten, reden wolle ... Nach angemessenem Zaudern wurde schließlich die Legende preisgegeben: Im Jahre 1905 sei die Mutter Backenroth in einer Lemberger Klinik von einem kleinen Jungen entbunden worden. Zum großen Unglück war das Kindchen zu schwach und starb gleich nach der Geburt. Die Mutter wusste noch nichts davon, und der arme, vom Schicksal geschlagene Vater wagte es nicht, seiner Frau mit der schrecklichen Wahrheit unter die Augen zu treten. Da bescherte ein gütiges Geschick einen in jeder Weise wunderbaren Ausweg. Da hatte nämlich – nur ein paar Zimmer weiter – ein armes, lediges, „arisches" Dienstmädchen ebenfalls einen Knaben zur Welt gebracht, allerdings einen kerngesunden. Aber was sollte sie machen? Sie konnte doch dieses Kind der Schande nicht behalten, die Arme. Was sollte aus ihr und dem Kind nur werden! Ein Schuft, ein stadtbekannter Schürzenjäger – „arisch" natürlich –, hatte das arme Ding geschwängert. So etwas soll ja wohl öfter vorgekommen sein. Was also hatte nun nähergelegen, als beide Frauen, sagen wir: glücklich zu machen? So hatte man der ahnungslosen Frau Backenroth den Säugling des Dienstmädchens in die Arme gelegt, und alles war gut. Leider sei nun, nach achtunddreißig Jahren, die Sache durch eine Indiskretion ans Licht gekommen.

Um die Komödie glaubhaft zu machen, wurde eine „auf alt" getrimmte Geburtsurkunde produziert und ein Arzt gefunden – und bestochen –, der mit Unterschrift und Stempel den damaligen Babytausch bestätigte. Die Gestapo schluckte die Geschichte bereitwillig und veranstaltete ein kleines Fest für den neugeborenen „Arier" – sie hätten es ja immer schon gewusst, dass er kein Jude sein könne – „du mit deinen blauen Augen"!

Einer allerdings blieb misstrauisch. Er verlangte eine Blutprobe von Backenroth und schickte sie ans Rassenhygiene-Institut nach Berlin. Von dieser Humbug-Einrichtung erging alsbald die beruhigende Auskunft, das Blut sei „in Ordnung". Backenroth wechselte ganz legal und offiziell seinen Namen – fortan hieß er „Bronicki".

Als die Deutschen 1944 abzogen, sagten seine „Freunde" von der Gestapo: „Und du kommst mit uns!" Da machte er sich unauffindbar und blieb in Drohobycz. Zur Abwechslung nahmen ihn dann die Sowjets nach ihrem Einmarsch erst einmal fest, aber bald darauf entließen sie ihn wieder. Nach einigem Hin und Her, nach einer Reihe von lästigen Hindernissen und glücklichen Zufällen konnte Backenroth/Bronicki mit seiner Familie nach Frankreich auswandern. Sein Sohn Lucien, jener etwa gleichaltrige Herr, den ich bei der Baumpflanzung für meine Mutter kennengelernt habe, lebt heute als erfolgreicher Unternehmer in Israel.

Der Vater ist vor etlichen Jahren eines friedlichen Todes gestorben. Nach dem Zweiten Weltkrieg hatte sich dieser bemerkenswerte Mann aus dem galizischen Drohobycz dazu entschlossen, seinen Namen für alle Zeit zu ändern. Er hat für sich und seine Familie den Namen „Bronicki" ausgewählt, oder vielleicht sollte ich besser sagen: Er hat ihn sich und seinen Nachkommen auferlegt. Dieser Name soll an den Wald von Bronitza erinnern, wo die meisten seiner Verwandten und viele Tausend andere Unglückliche ermordet wurden.

28

Die Arbeitsfähigkeit war in dieser Zeit für die Verfolgten eine Frage von Leben und Tod. Zuerst wurden die „entbehrlichen Juden" – so hieß das in der Amtssprache! –, also die Alten, die Kranken und Schwachen, die Kinder und viele Frauen, umgebracht. Darum wurde um jede nur erdenkliche Aussicht auf einen Arbeitsplatz hart und verbissen gekämpft. Kein Wunder, dass Bestechung und Korruption prächtig gediehen. Oder die Besatzer legten willkürliche Quoten für die „Ausmerzung" fest: zwölfhundert Juden – dreitausend Juden – fünftausend Juden – einfach so. Dazu gehörte die erzwungene Beteiligung der Judenräte, eine Weigerung war ausgeschlossen. Einzelne gaben sich der trügerischen Hoffnung hin, selbst geschont zu werden, und gingen mit Fleiß nicht weniger brutal zu Werke als ihre Auftraggeber. Den Judenratsvorsitzenden von Borisław haben die eigenen Leute schließlich aus Rache umgebracht. Auch Backenroth konnte sich nicht entziehen, als ihn Felix Landau, der Blutordenträger, mit zum Bahnhof nahm und ihn zwang, die für ihren „Abtransport" zusammengetriebenen Opfer in die bereitstehenden Güterwagen „verladen" zu helfen. Er hatte keine Wahl außer dem eigenen Tod, ebenso wenig wie die vielen anderen.

Zwischen den Wellen der Gewalt setzten mitunter aus Gründen, die sich keiner erklären konnte, scheinbar willkürlich, „Umsiedlungspausen" ein, in denen die Menschen Atem schöpften. Es scheint nicht übertrieben, auch von Improvisation, Widersprüchlichkeiten, sogar von Chaos zu sprechen. Gettos wurden eingerichtet, dann aber doch nicht zu Ende geführt. Es herrschte Uneinigkeit bei der deutschen Führung vor Ort, ob man nicht doch noch „Arbeitsjuden" für die Rüstung brauchte oder „Schluss machen" sollte mit dem ganzen Arbeitseinsatz. Selbst als 1943 kein Zweifel mehr daran bestehen konnte, dass alle Juden ausnahmslos ausgerottet werden sollten, gab es immer wieder Ausnahmen.

Es liegen erschütternde Dokumente vor, die von der Radikalisierung der Judenverfolgung in Galizien und der totalen Verrohung der Täter zeugen. Zu den vielen unbegreiflichen Geschichten in diesem Zusammenhang gehört die folgende, anscheinend mehrfach von anderen Deutschen bestätigte Begebenheit: Die Leiterin der NS-Frauenschaft des Bezirks hatte um die Genehmigung gebeten, mit ihrem Anhang einer Erschießung jüdischer Frauen beiwohnen zu dürfen. Die Nazifrauen sollen tatsächlich zu der Exekution erschienen sein und dabei das Mutterkreuz getragen haben. Was mögen sie danach empfunden haben, wenn sie ihre eigenen Kinder badeten und anzogen, ihre eigenen Mütter oder Schwestern versorgten oder pflegten?

Angesichts des unablässigen Mordens, das ja mehr oder weniger offen vor aller Augen stattfand, müssen sich manche Anstrengungen von Menschen wie Eberhard Helmrich geradezu lächerlich und klein ausnehmen. Nicht immer ging es um das nackte Leben, sondern oft auch um kleine Zeichen, die den Geschundenen für kurze Momente ihre Würde zurückgaben. Helmrich packte zu und griff ein, wo immer es ihm möglich erschien. Umsichtig, unbeirrt und oft spontan.

Einer der Überlebenden, Dr. Joseph Weißmann, erzählt, dass er mindestens viermal von der Gestapo auf der Straße im Getto gefasst worden sei, aber „Major Helmrich“ habe ihn jedes Mal aus dem Griff seiner Verfolger mit dem Argument befreit, er brauche diesen hervorragenden Experten ganz dringend auf seiner Gartenfarm. In Wirklichkeit war Weißmann Arzt, aber Helmrich hatte ihn mithilfe eines nicht wahrheitsgemäßen Arbeitsausweises kurzerhand zur „landwirtschaftlichen Fachkraft“ ernannt. Es war eine viel geübte Praxis – und sie gehört in das Kapitel „Rettung durch Arbeit“ –, die Menschen zu „Spezialisten“ in allen möglichen Sparten zu machen, obwohl sie einen ganz anderen Beruf erlernt hatten.

Einmal versteckte Helmrich diesen Joseph Weißmann und dessen Frau sechsunddreißig Stunden in seiner Wohnung, bis ihnen keine Gefahr mehr drohte. Ein anderes Mal saß Helmrich beim Friseur und ließ sich rasieren, als er zufällig durch die Glasscheibe beobachtete, wie zwei Ukrainer Weißmann auf der Straße verprügelten, weil er sich des Vergehens schuldig gemacht hatte, den Bürgersteig zu betreten, was für Juden verboten war. Helmrich stürzte mit eingeseiftem Gesicht hinaus auf die Straße, brüllte die beiden Schläger an und vertrieb sie.

Im Herbst 1943, kurz vor einer der letzten großen „Aktionen", bat Weißmann den Kreislandwirt um „arische" Papiere für sich und die seinen. Es war jedoch nicht mehr möglich, sie zu besorgen. Helmrich empfahl dem Arzt, ins Versteck zu gehen, da der Krieg ja ohnehin nicht mehr lange dauern würde. Zu dieser Zeit rückte die Front immer näher, und in zwei, höchstens drei Monaten, so schätzte er, würden die Deutschen das Gebiet räumen. Dies sollte sich allerdings als Wunschdenken erweisen, denn es gelang der Wehrmacht, die Rote Armee noch einmal zurückzudrängen.

Weißmann ging mit neun Mitgliedern seiner Familie in ein enges, unterirdisch ausgehobenes Versteck, in dem man sich nicht einmal aufrecht stehend bewegen konnte. Es gab kaum genügend Luft zum Atmen, und die Notdurft musste im selben Raum verrichtet werden. Aus den zwei, drei Monaten wurde ein Dreivierteljahr. Helmrich sorgte in dieser Zeit dafür, dass die Familie wenigstens zu essen und zu trinken bekam – mehr konnte er für sie nicht mehr tun.

Nahezu blind krochen die Versteckten nach dem Abzug der deutschen Besatzung ans helle Tageslicht. Weißmanns Mutter hat die Zeit im Erdloch nicht überlebt. Sie war im Kreise ihrer zur Tatenlosigkeit verdammten Familie gestorben, und ihre Angehörigen hatten sie dort im losen Sand verscharrt – es war ihnen keine andere Wahl geblieben.

Irgendwann während der letzten Monate des Schreckens, als es sich längst abzeichnete, dass der Krieg an der Ostfront verloren war, unternahm Helmrich einen seiner letzten waghalsigen Versuche, eine Flucht ins Ausland zu organisieren. Er wollte seinem Freund und Mitstreiter Dr. Mauricy Ruhrberg und anderen Mitgliedern des Judenrats von Drohobycz helfen, nach Ungarn zu entkommen. Die Flucht misslang. Ruhrberg wurde gefasst und erschossen.

Die drei Jahre der deutschen Besatzung hatten mit Massenexekutionen begonnen und endeten mit der endgültigen „Auskämmung" aller Juden. Noch 1944 wurde fieberhaft deportiert, die Gestapo machte Jagd auf versteckte Juden, sie liquidierte russische Kriegsgefangene sowie deutsche und nichtdeutsche Lebensretter, die sie dabei erwischt hatte, menschlich und mitfühlend zu handeln. Die Herrenmenschen hielten „Erntefest", wie sie eine ihrer schrecklichsten Aktionen genannt hatten, und sie vernichteten alles, was sie im Schlachthaus Galizien vernichten konnten.

Helmrich war niedergeschlagen und ausgelaugt, und er litt darunter, wie unzulänglich seine Möglichkeiten waren, Hilfe zu leisten. Er wurde krank und bekam eine Lungenentzündung, die er zu Hause, in Berlin, einigermaßen kurieren konnte. Dann ging er zurück in die Hölle, nach Drohobycz, um sein Amt als Kreislandwirt wahrzunehmen. Und um versteckte Flüchtlinge mit Lebensmitteln zu versorgen.

Im April 1944 fielen russische Bomben auf Lemberg und auf Drohobycz. Große Zerstörungen riefen sie nicht hervor, und für die Versteckten und Verfolgten kündigten sie die Zeitenwende an. „Für uns waren das die Fanfaren der Freiheit", erzählt mir einer von ihnen später in einem Gespräch, „das war die Stimme des Lebens!" Und sie hätten sich an der Überzeugung festgehalten, dass diese Bomben gute Bomben seien und ihnen nichts anhaben könnten.

Jedoch die Güterzüge rollten unvermindert weiter ins KZ Krakau-Plaszów. Die „Erfassung der Juden" wurde minutiös betrieben und bürokratisch festgehalten.

Bürokratisch ist auch der letzte Lagebericht, den Helmrich unter dem Datum vom 25. April 1944 unterschrieben und abgegeben hat. Ich fand ihn im Lemberger Zentralarchiv der Ukraine. Da wird in dürrer, amtlicher Sprache berichtet über den Stand der Saaten, die Futterversorgung von Rind und Schwein, über Geflügel- und Bienenhaltung, und bis ins kleinste Detail wird die vorgesetzte Behörde über die Erfassung aller nur möglichen landwirtschaftlichen Produkte unterrichtet. Das alles mutet gespensterhaft unwirklich an, gleichsam als hätten

Menschen, die eingesperrt in einem Irrenhaus lebten, denen da draußen beweisen wollen, dass sie total normal seien. Immerhin finden sich unter der Rubrik „Allgemeines" auch einige kritische Bemerkungen. Da ist von der „Stimmung in den Dörfern" die Rede, und es wird darauf hingewiesen, dass die Einwohner stark unter den Übergriffen von Wehrmachtseinheiten zu leiden hätten. Wörtlich heißt es an einer Stelle: „Die noch auf dem Lande verbliebenen Abteilungen von O. T. [= Organisation Todt], Wehrmacht und Polizei tragen im allgemeinen nicht zur Befriedung des Landes bei, sondern sind eine stete Quelle dauernder Störung der Marktordnung." An einer anderen Stelle wird ausdrücklich auf das „gut eingearbeitete nichtdeutsche Personal" hingewiesen, „das sich in jeder Weise bewährt hat und höchstes Lob verdient".

Im Sommer 1944 verschwand die deutsche Besatzung, etliche der Schlächter machten sich regelrecht aus dem Staub und legten sich nun ihrerseits eine neue Identität zu. Der 6. August wurde für die Menschen in Ostgalizien zum lang ersehnten Tag der Befreiung vom Nazijoch.

Eberhard Helmrich fuhr nach Berlin, wo er nur kurz Station machte. Erleichtert stellte er fest, dass unser zuständiges Polizei-Meldeamt mitsamt seinem Aktenbestand zerbombt war. Dies machte es den Häschern ungleich schwerer, Flüchtige zu finden. Sicherheitshalber entschloss er sich aber, aus Berlin zu verschwinden und nach Hamburg, in die Stadt seiner Kindheit und Jugend, zu wechseln. Er war fünfundvierzig Jahre alt und hatte die Nase voll – er wollte nicht mehr mitmachen, bei gar nichts mehr. Als Donata von offizieller Stelle gefragt wurde, wo sich denn ihr Mann befinde, hat sie kaltblütig geantwortet: „Woher soll ich denn das wissen! Vielleicht hat er mich ja verlassen – was weiß denn ich in diesen Zeiten!" Nachdem auch die letzten Nazibastionen kapituliert hatten, meinte sie nur: „Ich wusste ja, dass er in Hamburg ist, aber ich bin doch nicht verrückt und liefere meinen Mann dem Volkssturm aus!"

Das also war das Ende des Kapitels Drohobycz und Galizien.

Die Zahlen der Ermordeten können das Grauen der „Endlösung" in dieser Region zwar dokumentieren, aber doch nicht wirklich wiedergeben. Die akribische Auflistung, zu welchem Zeitpunkt noch wie viele Juden dort vorhanden waren, oder Tabellen mit Nennung unterschiedlicher Todesursachen – „Erschießungen, Hunger und Seuchen, Massenerschießungen und Pogrome, Deportationen, Massendeportationen, ‚Judenjagden' in den Wäldern" – zeichnen ein vorstellbareres und dennoch unvorstellbares Bild. Es scheint allemal leichter zu sein, sich „Lämmer auf der Schlachtbank" vorzustellen, als an individuelle Menschen zu denken. An Menschen, die ausgeliefert waren und kaum eine Chance hatten.

Es sind die einzelnen, konkreten Geschichten und Schicksale, die uns eine Ahnung vom Wesen und vom Ausmaß des Verbrechens vermitteln. Allein in Galizien waren es weit über eine halbe Million Menschen, die vernichtet wurden: fünfhunderttausend Namen, fünfhunderttausend Gesichter – ausgelöscht.

Die meisten ihrer Mörder überlebten Krieg und Internierung. Nur ein Bruchteil von ihnen kam nach den beschämend verspäteten Ermittlungen vor Gericht.

29

Die berüchtigte Wannsee-Konferenz zur „Endlösung der Judenfrage" am 20. Januar 1942 war nicht der Anfang vom Ende, denn der lag schon viele Jahre zurück, nein, sie läutete das Ende vom Ende ein. Hier wurden die Weichen gestellt für die Vernichtung der europäischen Juden, und hier wurde auch die Einbeziehung von „jüdischen Mischlingen" und jüdischen Partnern in „Mischehen" in die Vernichtungsaktionen erörtert. Dieser Tag markiert eine endgültige Grenzziehung – von nun an konnte keinerlei Zweifel mehr bestehen, welches Ziel die Nationalsozialisten gnadenlos und so rasch wie möglich zu erreichen gedachten.

Da man aber nicht alle Juden über Nacht abtransportieren und umbringen konnte, wurden für die Zeit bis zum Abschluss der „Entjudung" weitere Einschränkungen und Schikanen ersonnen:

Mit Datum vom 10. Februar 1942 gilt in Berlin eine Bekanntmachung, der zufolge kein Brennholz mehr an jüdische Inhaber von „Kohlenbezugskarten“ abgegeben werden darf.

Am 24. März wird es Juden grundsätzlich verboten, die öffentlichen Verkehrsmittel zu benutzen. Ausnahmen werden gewährt für Schulkinder und Angestellte jüdischer Einrichtungen sowie für Zwangsarbeiter, deren Arbeitsweg mehr als sieben Kilometer weit ist. Sitzplätze nur für Arier! Die Journalistin Ursula von Kardorff erzählt in ihren „Berliner Aufzeichnungen“ von einem sekundenkurzen Aufblitzen galliger Widerborstigkeit und menschlicher Solidarität: Ein Arbeiter macht in der Straßenbahn einer Jüdin mit dem „Stern“ Platz: „Setz dir hin, olle Sternschnuppe.“ Von einem Parteigenossen zurechtgewiesen, erwidert er ihm bündig: „Üba meenen Arsch verfüje ick alleene!“

Am 26. März ordnet die Gestapo an, dass die Wohnungen von Juden im ganzen Reichsgebiet mit einem weißen „Judenstern“ aus Papier zu kennzeichnen sind.

Am 9. Mai wird die Jüdische Gemeinde Berlin angewiesen, bekannt zu geben, dass die gesamte Straße Unter den Linden, die Tauentzienstraße und ein Teil des Kurfürstendamms für Juden gesperrt sind.

Am 15. Mai wird Juden das Halten von Haustieren verboten. Bis zum 20. Mai müssen sie alle ihre Tiere zur Ablieferung registrieren lassen.

Drei Wochen später werden die Berliner Juden aufgefordert, „alle Bekleidungsstücke, die bei einer bescheidenen Lebensführung nicht notwendig sind“, entschädigungslos abzuliefern. (Was war denn noch übrig? Seit Kriegsbeginn hatten sie schon keine Möglichkeit mehr gehabt, neue Kleidung anzuschaffen, und die Pelzmäntel waren schon früher eingesammelt worden.)

Zur gleichen Zeit wird angeordnet, dass Juden alle in ihrem persönlichen Besitz befindlichen optischen und elektrischen Geräte wie Ferngläser, Fotoapparate, Heizsonnen, Kochplatten und Staubsauger an den deutschen Staat abzuliefern haben, ebenso Schreibmaschinen und Fahrräder – ohne Anspruch auf Entschädigung.

Am 20. Juni wird bekannt gegeben, dass innerhalb von zehn Tagen das seit 1939 separat organisierte jüdische Schulwesen einzustellen ist. Schüler ab vierzehn Jahren sind dem Arbeitsamt zur Zwangsarbeit zu melden.

Am 6. Juni 1942 verlässt der erste Deportationszug nach Theresienstadt Berlin.

Am 11. Juli findet die erste Deportation von Berlin direkt nach Auschwitz statt.

Die Protagonisten der Endlösung hatten es sich zum Ziel gesetzt, die Deportation aller Volljuden aus dem Reichsgebiet bis zum Jahreswechsel 1942/43 abzuschließen. In einigen Großstädten, vor allem in Berlin, zog sich dieser Prozess länger hin als geplant. Viele der Betroffenen hatten inzwischen die Illegalität gewählt und lebten als „U-Boote", wie sie genannt wurden, im Versteck oder mit einer anderen Identität. Die Welle des „Untertauchens" erreichte in der zweiten Jahreshälfte 1942 ihren Höhepunkt, denn nun hatten auch die Naivsten und Gutgläubigsten begriffen, wohin – in des Wortes schrecklichster Bedeutung – die Reise ging.

Die „Endlösung" unterlag strenger Geheimhaltung, trotzdem bröckelte der Glaube an die „Umsiedlung" oder den „Arbeitseinsatz" auch in der deutschen Bevölkerung. Zu viele von denen, die sich in den Ostgebieten aufhielten – sei es als Wehrmachtsangehörige oder als Zivilangestellte –, wussten, was sich dort abspielte, und so flossen zahlreiche Informationen über die Mordmaschinerie in Polen nach Deutschland. Auch mancher Täter, obwohl zum Stillschweigen verpflichtet, hat während des Heimaturlaubs von seiner „Arbeit" erzählt.

In einer großen Stadt wie Berlin, mit einem hohen Kontingent an eingezogenen Soldaten und Heimaturlaubern, müsste man schon auf dem Mond gelebt haben, um nichts zu hören und nichts zu sehen! Hat sich solches Wissen auf das Verhalten der Bevölkerung ausgewirkt? Hat es die Gegnerschaft zum Dritten Reich befördert, vielleicht sogar die Bereitschaft, Verfolgten zu helfen? Leider lässt sich darüber nur spekulieren. Es ist bislang ein weißer Fleck in der Geschichtsforschung.

Ende Februar 1943 sollten nach dem Willen von Reichsführer SS Heinrich Himmler die Deportationen aus Deutschland endlich zum Abschluss gebracht werden. Unter dem Namen „Fabrikaktion" wurde eine reichsweite Razzia vorbereitet, doch sickerte rechtzeitig für viele die Nachricht durch, dass ein neuer Schlag gegen die Juden geplant sei. Die Zwangsarbeiter wurden gewarnt von Arbeitskollegen, Meistern, Angestellten und Ingenieuren in ihren Betrieben, vereinzelt sogar von Polizisten und SS-Leuten. Tausende gingen an diesem 27. Februar nicht zur Arbeit oder versteckten sich. Etwa jeder Dritte derer, die SS und Gestapo ins Visier genommen hatten, konnte sich in Berlin der Verschleppung entziehen. Dennoch wurden in der Reichshauptstadt etwa acht- bis zehntausend Juden in Rüstungsbetrieben, in Behörden, auf der Straße und in ihren Wohnungen verhaftet und in verschiedenen Sammellagern mehrere Tage lang, bis zu ihrer Deportation, interniert.

Es hieß, Himmler wolle „dem Führer" zu seinem Geburtstag, am 20. April, eine „judenfreie" Reichshauptstadt zum Geschenk machen. Ob das ein Gerücht war oder der Wahrheit entsprach, lässt sich nicht belegen.

Bei der „Fabrikaktion" wurden auch eine große Zahl von Juden, die in „Mischehe" lebten, und viele jüdische „Mischlinge" erfasst, gefangen genommen und eingesperrt, überwiegend Männer. Sie wurden getrennt von den „Volljuden" untergebracht, und zwar in der Rosenstraße 2–4. Was hatte man mit ihnen vor? Die Betroffenen und ihre Angehörigen erwarteten vermutlich nichts anderes, als dass man sie deportieren und umbringen würde. Neueren Forschungen zufolge sollten sie jedoch auf jene Arbeitsplätze verteilt werden, von denen man soeben die „Volljuden" abgezogen hatte. Was auch immer geplant war – die Ernährungslage, die drangvolle Enge und die hygienischen Zustände in der Rosenstraße müssen unbeschreiblich gewesen sein, die Unübersichtlichkeit und das Chaos ebenfalls. Die anderen Unglücklichen, die „ungeschützten" Juden, kamen in die Große Hamburger Straße und wurden binnen weniger Tage nach Auschwitz deportiert.

Das Schicksal der sogenannten Privilegierten nahm eine unerwartete Wendung. Viele Hundert „arische“ Angehörige der Inhaftierten, vor allem Frauen, versammelten sich auf der Straße und forderten die Freilassung der Gefangenen. Sie ließen sich durch nichts entmutigen, sie wechselten sich gegenseitig ab, um zwischendurch nach Hause zu gehen, aber sie wichen nicht und blieben tagelang an Ort und Stelle. „Die Frauen von der Rosenstraße“, wie man sie später genannt hat, haben den ersten und einzigen Massenprotest gegen die Vernichtungspolitik der Nazis organisiert, und sie hatten Erfolg. Trotz mehrmaliger Versuche gelang es den Nationalsozialisten nicht, die Versammlung zur Aufgabe zu bewegen. Was sollten sie tun – auf deutsche Frauen schießen? Kaum vorstellbar! Und ob es nun ein Einlenken aufseiten der Nazioberen war oder ob man die „geschützten“ Juden nur internieren, nicht aber deportieren wollte – zwischen dem 6. und dem 8. März wurden fast alle wieder freigelassen.

Diese erfolgreiche widerständische Aktion erwähnt die Journalistin Ruth Andreas-Friedrich in ihren erstmals 1947 veröffentlichten Aufzeichnungen. Außer ihr schien allerdings niemand daran interessiert zu sein, diese beispielhafte und ermutigende Episode aufzugreifen und zu verbreiten. Im Gegenteil – sie wurde verdrängt und geriet rasch in Vergessenheit. Es war wohl der ungewöhnliche Mut und vor allem der Erfolg, an den die Leute nicht gern erinnert werden wollten. Das hätte nur unangenehme Fragen aufgeworfen, denen sich das Heer der Mitläufer und Wegschauer nicht stellen mochte. Erst in den späten achtziger Jahren wurde die Geschichte der Protestaktion in der Rosenstraße von dem Amerikaner Nathan Stoltzfus wiederentdeckt und bekannt gemacht.

30

Donata und die Ihren lebten ihr riskantes Leben weiter wie bisher, nur rückte die verschworene Gemeinschaft, in der sie verkehrte, immer enger zusammen. Man hielt sich gegenseitig ständig auf dem Laufenden, und ein Bett für überraschende, heimliche Gäste stand immer bereit.

Ein Jahr nach Kriegsende fertigte Donata eine Liste der Personen an, denen sie in den Nazijahren durch Freundschaft und gemeinsame Hilfsaktionen verbunden gewesen war. Diese Liste umfasst zweiunddreißig Namen, und es fällt auf, wie viele der Genannten wegen ihres Lebens in „Mischehen" oder aus sonstigen Gründen von den Nazis drangsaliert worden waren. Es handelt sich um Menschen aus ganz unterschiedlichen Lebensbezügen. Da ist ein „halbjüdischer" Arzt, der seinen Posten an einem Berliner Krankenhaus verlor, eine Schauspielerin, der die Nazis Auftrittsverbot erteilten, weil man sie linker Umtriebe verdächtigte, eine Nachbarin, die zu zehn Monaten Gefängnis verurteilt wurde, nachdem sie wegen des Abhörens von „Feindsendern" denunziert worden war, der Polsterer aus der Preußenallee, der keine Angst hatte, gejagten Mitmenschen zu helfen, der Polizeiwachmeister vom Revier 123, der „seine" Leute warnte, wenn eine „Aktion" bevorstand, und andere mehr. Ihnen gemeinsam waren der Hass auf den Terror des Regimes und der feste Wille, den Bedrängten zu helfen und einander zu unterstützen.

Auf der Liste finden sich auch drei Paare, hinter deren Namen die Bemerkung „illegal verheiratet" steht. Juden und „Halbjuden" durften in dieser Zeit keine „Mischehen" mehr eingehen, der Gang zum Standesamt war ihnen verwehrt. Paare, die ihren Bund vor Gott schließen und einen priesterlichen Segen erhalten wollten, fanden Geistliche, die sie heimlich trauten. Registriert wurden diese Heiraten nicht.

Mindestens eine solche Hochzeitsfeierlichkeit muss die Mutter zu Hause, in der Westendallee, ausgerichtet haben, denn sie berichtete später, dass sie anlässlich dieses Festes eine „schwarze Zunge" aufgetrieben habe. Das Hochzeitsmenü bestand demnach aus einer Rinderzunge, die sie auf dem Schwarzmarkt erstanden hatte, die Zutaten stammten ohne Frage von Mutters Verbündeten auf dem Wochenmarkt. Ein illegales Stück Fleisch für eine illegale Hochzeit, ganz passend! Das fehlende Stückchen Legalität wurde nach Kriegsende auf dem Standesamt nachgeholt. Das Glück und die Freude aber, die das Paar bei seiner „schwarzen Hochzeit" erlebt hatte, stellten die Gefühle während des bürokratischen Akts vermutlich weit in den Schatten.

Es gab Zeiten, da wurden Donatas Treue und bedingungslose Hilfsbereitschaft auf eine harte Probe gestellt. Zeitweilig hatte ein befreundeter Sänger nach einem Bombenschaden bei ihr Zuflucht gefunden, und da weder er selbst noch sein Freund in den Krieg ziehen wollten, tranken sie buchstäblich unter Donatas Augen ranziges Öl, um – offenbar sehr glaubwürdig – eine Gelbsucht zu simulieren. Die arme Mutter! – krank vor Sorge um ihren Sohn, der Gott weiß was in Russland auszustehen hatte, und hier konfrontiert mit zwei gesunden Männern, die mutwillig ihren Körper schädigten. Das machte ihr zu schaffen, weil es überdies im krassen Gegensatz zu ihren Grundsätzen stand. Ich erinnere mich sehr genau, wie hoch empfindlich sie reagierte, wenn jemand krank spielte, denn sie empfand das als eine unerlaubte Herausforderung an das Schicksal, die sich rächen würde. Niemals hätten wir ihr als Schulkinder mit der Bitte um eine Entschuldigung vom Unterricht kommen dürfen – nicht bei uns! So etwas machte man nicht.

Ein anderer vorübergehender Gast – kein versteckter, sondern ein erlaubter Gast – konnte es nicht lassen, seine Gastgeberin ständig wegen tausend Kleinigkeiten zu kritisieren. Zur Rede gestellt, pflegte er, durchaus nicht ohne Stolz, zu antworten: „Wes' Brot ich esse, des Lied ich nicht singe!" Die bornierte Selbstgerechtigkeit hat sie mehr gekränkt als alle Kritik. Warum sie aber solche Nutznießer ihrer Großzügigkeit nicht einfach an die Luft gesetzt hat, ist nur schwer zu verstehen. Es muss wohl an der Überzeugung gelegen haben, dass die wenigen Anständigen und

Zuverlässigen sich nicht im Stich lassen durften. Persönlicher Ärger und kleinliche Kränkungen spielten demgegenüber eine nebensächliche Rolle.

31

Im Herbst 1943 nahmen die nächtlichen Bombenangriffe ständig zu, sowohl an Zahl als auch an Intensität, sprich: Zerstörungskraft. Nach einer furchterregenden Nacht fasste ich einen Entschluss. Ich war todmüde, verängstigt und stumm im Luftschutzbunker im Garten zurückgelassen worden, denn die Großen hatten sich auf den Weg gemacht, um Nachbarn beim Löschen zu helfen. Ich war nicht allein, sondern – was die Situation schlimmer und unheimlicher machte – mir gegenüber kauerte ein junges Mädchen, das ohne Pause laut schrie und betete. Ihr Lamento flößte mir mehr Angst ein als das Zischen und Krachen der Bomben. Mein einziger Trost war ihr Schäferhund, an den ich mich zur Sicherheit anschmiegte.

Am Ende dieser Nacht, als ich ins Haus zurückkehren durfte, teilte ich meiner Mutter kategorisch mit: Ich will weg! Ich wusste auch, wohin – ich wollte auf den Darß, zu Onkel Friedel und seiner Familie. Meine Mutter, wohl um Zeit zu gewinnen, meinte vorsichtig, sie würde darüber nachdenken. Erst im Sommer desselben Jahres hatte ich Onkel Friedel kennengelernt, ihn auf Anhieb in mein Herz geschlossen und meiner Mutter Vorwürfe gemacht, warum man mir diesen netten Verwandten nie vorher gezeigt hatte.

Nun, Offenheit über die politische Situation, die Last des Schweigegebots, die Verantwortung, mit dem Anders-als-die-anderen-Sein richtig umzugehen, das war eine Sache. Etwas ganz anderes war es, die Wahrheit über familiäre Zusammenhänge preiszugeben. Es gab selbst in dieser verrückten Zeit Dinge, für die man noch zu klein war!

Onkel Friedel war nämlich niemand anderes als Mutters erster Mann, Dr. Friedrich Greiff, der Vater meiner Geschwister. Darüber sollte ich aber noch länger als ein Jahr nichts erfahren! Kein Wunder, dass die Mutter zögerlich reagiert hatte, denn die vormaligen Eheleute hatten erst seit kurzem wieder begonnen, den Kontakt zueinander aufzunehmen.

Es geschah ein kleines Wunder: Etwa eine halbe Stunde nach meiner Ankündigung, dass ich auf den Darß gehen würde, noch bevor die Mutter Zeit gehabt hatte, über eine Ausrede nachzudenken, läutete das Telefon, und Onkel Friedel fragte am anderen Ende der Leitung, ob es nicht besser wäre, Cornelia käme zu ihnen aufs Land. Der Mutter muss ein Stein vom Herzen gefallen sein. Mich überraschte das nicht besonders, denn ich war aus tiefster Seele überzeugt, dass mein Entschluss in die Tat umgesetzt wurde. Keine Sekunde war es mir in den Sinn gekommen, daran zu zweifeln.

Und so fuhr ich wenige Tage später, in der zweiten Novemberhälfte, Richtung Ostsee. Die Mutter konnte mich nicht begleiten, weil sie keine Zeit hatte oder aber weil ihr die Begegnung mit ihrem früheren Mann und seiner jetzigen Frau zu unvermittelt erschien. Darum bat sie Isa, eine alte Freundin aus Weimarer Jugendtagen, mich an mein Ziel zu bringen. Die Fahrt vom Stettiner Bahnhof in Berlin Mitte nach Norden ist mir unvergesslich: Wir fuhren durch die zerstörte Stadt. Sie lag in Trümmern, wie ich sie bei uns in Westend noch nicht gesehen hatte. Diese Fahrt öffnete mir in gewisser Weise die Augen, und ich bekam zum ersten Mal einen Begriff davon, was „Krieg" bedeutete.

In Stralsund stiegen wir um, dann noch einmal in dem Städtchen Barth, von dort aus ging es nach Zingst/Darß, das damals noch einen kleinen Bahnhof hatte. Mit einem Pferdefuhrwerk wurden wir abgeholt, die fünf Kilometer Landstraße bis zum Dorf Müggenburg legten wir in völliger Dunkelheit zurück. Dieser kleine Ort mit nicht mehr als einer Hand voll Häusern sollte für die nächsten zwei Jahre und acht Monate mein neues Zuhause werden. Meine Familie waren jetzt Onkel Friedel, seine Frau, Tante Maria, und deren vierjähriger Sohn Christian.

Ich kam in eine vollständig andere Umgebung, als ich sie bisher kennengelernt hatte. Onkel Friedel, eigentlich Volkswirt von Beruf, und seine Frau betrieben einen Bauernhof mit Kühen, Pferden, Schweinen und Geflügel, mit einem Trecker und einer großen Scheune voller Landmaschinen. Eine Chaussee verband die einzelnen Orte der Halbinsel, das Dorf selbst hatte nur eine Straße, an deren einem Ende wir wohnten und an deren anderem Ende sich die Schule befand. Auch an die musste ich mich erst gewöhnen, denn sie war das, was man später eine „Zwergschule“ nannte, das heißt, alle Jahrgangsstufen bis zur achten Klasse wurden in einem einzigen Raum und von einem einzigen Lehrer unterrichtet. Meine dritte Klasse bestand aus drei Kindern, manche Jahrgangsstufe war vorübergehend gar nicht besetzt, weil es keine Schüler im entsprechenden Alter gab, und doch bekamen wir, erstaunlich genug, so viel beigebracht, dass ich später mühelos den Anschluss an das Gymnasium in Berlin schaffte.

Verhasst war mir der Heimatkundeunterricht. Unweigerlich begann er damit, dass die Schüler den Satz „Meine Heimat ist Müggenburg im Kreis Zingst auf der Halbinsel Darß“ herunterbeten mussten. Meine Heimat war aber nicht Müggenburg, sondern Berlin, und so weigerte ich mich, diesen Satz nachzusprechen. Nach einer kurzen Zeit von Befehl und Ungehorsam – „Du wirst das jetzt trotzdem sagen!“ und „Nein, werde ich nicht, weil es nicht wahr ist!“ – wurde ein Kompromiss gefunden. Ich brauchte nicht mehr von „Heimat“ zu sprechen, sondern sagte stattdessen: „Ich wohne in Müggenburg …“

Ich war zu dieser Zeit nicht das einzige Stadtkind in dieser Gegend, denn noch andere Mütter hatten mit ihren Kindern hier, auf dem Land, Zuflucht gesucht, so auch Tante Hilde aus Berlin-Zehlendorf, die Schwester von Onkel Friedel.

Die so ganz andere Umgebung hatte gute und weniger gute Seiten. Ich litt an Heimweh und schrieb tränenreiche Briefe nach Hause. Und jedes Mal, wenn die Bomberverbände in breiter Front in Richtung Berlin über uns hinwegflogen, befiel mich entsetzliche Angst. Nicht Angst um uns „Müggenburger“, auf uns warfen sie keine Bomben, das wusste ich wohl, aber Angst um die Mutter, die Schwestern und um Hedda. Ich hatte ja auf der Fahrt hierher gesehen, was alles passieren konnte. Die Bilder von der Zerstörung meiner Heimatstadt vor Augen, malte ich mir aus, dass die Westendallee bald einen ähnlichen Anblick bieten könnte.

Eindeutig zu den guten Seiten gehörte die ungewohnte große Bewegungsfreiheit – die Tiere, die Scheune, das Spielen auf dem Heuboden. In der Ostsee lernte ich schwimmen und auf dem Bodden, dem Binnengewässer, das Schlittschuhlaufen. Höhepunkte waren die Besuche auf dem Kirr, einem Inselchen im Bodden, wo einzig Tante Marias Eltern lebten und ihren Bauernhof betrieben. Das alte Haus, mitten in einem verwunschenen Bauerngarten voller Blumen gelegen, vor dem Wind durch eine dichte Buchsbaumhecke geschützt, kam mir vor wie das Paradies. Zu diesem Eindruck mögen seine Bewohner, Oma und Opa Bussert, wesentlich beigetragen haben, denn sie waren gütige, humorvolle, kinderliebe Menschen. Im Winter, wenn die Eisdecke hielt, konnte man den Kirr auf Schlittschuhen erreichen, sonst setzte man mit dem Ruderboot über. Wer auf dem Kirr war, dem konnte nichts passieren, so geborgen fühlte man sich dort. Es war für mein Kindergemüt ein geschützter Ort, zu dem die Angst keinen Zutritt hatte.

Zu den erfreulichen Seiten zählte auch, dass es in meiner neuen Umgebung wieder so etwas wie eine verschworene Gemeinschaft von Hitlergegnern gab. Der Druck jedoch, draußen nichts sagen zu dürfen, war wesentlich geringer als in Berlin. Das lag daran, dass das „Draußen“ hier viel kleiner war und die Wahrscheinlichkeit, bei einem falschen Wort oder beim Feindsenderhören erwischt zu werden, wesentlich geringer. Ich weiß, dass ich darüber Erleichterung empfand. In der erweiterten Familie wurde ganz offen gesprochen. Auch vor den beiden polnischen Hausmädchen Sophie und Marianne – sie waren sogenannte Ostarbeiterinnen, aber das wusste ich damals nicht – nahm sie kein Blatt vor den Mund. Rückschauend kann ich mich nicht daran erinnern, dass wir jemals von unserem Lehrer Nazipropaganda gehört oder Nazilieder gesungen hätten.

Als einmal ein armseliger Zug von zerlumpten Gestalten die Chaussee entlanggeführt oder -getrieben wurde, sprachen alle darüber, und soweit ich mich erinnere, voll unverhohlenem Mitleid mit diesen armen Burschen. Es waren russische Kriegsgefangene. Über das Woher oder Wohin weiß ich nichts – ein Lager gab es jedenfalls nicht in unserer Nähe.

Hin und wieder kam ein schwarzes Auto auf den Hof gefahren, dem ein Mann in einer braunen Uniform entstieg. Das war „der Mueller“ mit seinem Chauffeur, ein „hohes Tier“. Er grüßte zackig mit „Heil Hitler!“, unterhielt sich mit Onkel Friedel und schien sich auf dem Hof umzusehen. Wenn er mit seinen blanken, schwarzen Schaftstiefeln durch das Anwesen stolzierte, redete Onkel Friedel wie in einer fremden Sprache, und wir Kinder verzogen uns. Alle waren froh, wenn er sich wieder in seine Karosse schwang, und ganz offen machte man sich über den aufgeblasenen Mann und seine „frisierte Schnauze“ lustig. Die Polinnen und wir Kinder äfften seine Sprechweise nach. Er nannte sich nicht einfach „Müller“, sondern legte großen Wert darauf, dass man seinen Namen auf dem eingeschobenen „e“ betonte: der Herr „Muëller“.

32

Nach wie vor war es üblich, dass sonntags in der Westendallee Mittagsgäste am großen Tisch im Esszimmer Platz nahmen. Vertraute Lebensgewohnheiten wurden umso kostbarer, je mehr sie bedroht waren. Donatas Freude an Geselligkeit hatten weder Krieg noch Bomben noch rationierte Lebensmittel etwas anhaben können.

An einem sonnigen Sonntagmorgen im Sommer 1944 riefen gute Bekannte bei ihr an, ein jüngeres Ehepaar, das sie für diesen Tag eingeladen hatte. Sie fragten an, ob sie wohl einen Freund mitbringen dürften, einen Arzt, der für zwei Tage auf Fronturlaub in Berlin sei. „Natürlich, bringt ihn nur mit", lautete die spontane, wohl auch erwartete Antwort. Es sollte eine schwarz geschlachtete Hammelkeule mit Tomaten geben, das reichte leicht für einen weiteren Gast.

Kurz vor dem Essen sah Donata zum Fenster hinaus – und glaubte ihren Augen nicht zu trauen: Neben ihren Freunden stand ein junger Mann in SS-Uniform auf dem Rasen. Sie hatten nicht geläutet, sondern waren direkt von der Straße in den Garten gekommen, darum hatte sie sie erst jetzt bemerkt. Donata schoss gleichsam ins Freie – „nichts wie raus!" Die Eheleute stellten ihr den Unbekannten vor, einen Arzt mit einem alten deutschen Adelsnamen. Und so oder ganz ähnlich verlief der nun folgende Wortwechsel. Donata, wutsprühend: „Ich muss Ihnen leider sagen, Graf H., dass Sie mich in eine schauderhafte Lage bringen. Ich habe mir nämlich geschworen, dass jemand, der Ihre Uniform trägt, bei mir noch nicht einmal Salz zu essen bekommt!" Der ungebetene Gast: „Aber gnädige Frau, bitte lassen Sie mich doch erklären …" Sie: „Da gibt es nichts zu erklären!" Er: „Aber ich bitte Sie, einen Moment …" Sie: „Wenn ich Ihnen sage, wo mein Mann seit drei Jahren Gebietslandwirt ist – ich verrate es Ihnen: in Galizien! –, wollen Sie dann vielleicht immer noch etwas erklären?" Er: „Aber es gibt doch …" Sie: „Nein, gibt es nicht! Wenn Sie der Sohn des Lumpensammlers wären, dann könnte man vielleicht noch etwas erklären. Aber als Graf H. müssten Sie eigentlich wissen, was Anstand ist und wo man hingehört!"

Noch Jahre später hat sie sich empört: „In unserem sauberen Garten eine schwarze SS-Uniform – ich dachte, ich werde wahnsinnig!"

Die Eheleute haben ihr versichert, dass er „gar nicht so sei" – besänftigt hat es sie nicht. Jeder andere allerdings hätte Donata wahrscheinlich angezeigt, was der unerwünschte Gast unterließ. Dazu wenigstens hat sein Anstand ausgereicht.

33

Vielleicht war es ja eine glückliche Fügung, dass sich zu diesem Zeitpunkt gerade keine anderen, inoffiziellen Gäste im Haus aufhielten. Ein Zustand, der selten lange dauerte.

Kurze Zeit nach dem Erlebnis mit dem SS-Arzt gab es wieder überraschenden Logierbesuch. Als Donata eines Tages erschöpft vom Einkaufen nach Hause kam – eine mühsame und zeitraubende Verrichtung in diesen Jahren –, teilte ihr unsere treue Hedda mit, dass Herr Dr. R. – auch sein Name stand nach dem Krieg auf Mutters Liste – mit einer Dame da gewesen sei, die sich ganz dringend nach Süddeutschland absetzen müsse und Papiere brauche. Sie würde es später noch einmal versuchen. Donata sah der Begegnung mit der fremden Dame wenig erfreut entgegen. Papiere aus Drohobycz hatte sie keine mehr, und noch einmal das Spiel mit ihrem verlorenen Ausweis in Szene zu setzen erschien ihr denn doch als zu riskant.

Es läutete an der Haustür, und vor ihr stand eine Frau, die ihr fest in die Augen sah: „Donata – ich bin doch die Andrea!" Sie hatte noch nicht ganz zu Ende gesprochen, da fielen sich die beiden Frauen um den Hals. Als sich Donata von ihrer Überraschung erholt hatte und sie – ohne Zweifel – im Wohnzimmer eine Tasse Tee tranken, berichtete Andrea, dass sie sich auf der Flucht aus Hinterpommern befinde und sich zu ihrer Schwester Vally nach München durchschlagen wolle. Andrea war Volljüdin, somit illegal, und lebte unter falschem Namen. „Charlotte Maly, geborene Kramereit" stand in ihrem Ausweis. Sie hatte Sorge aufzufliegen und gehofft, vielleicht von Berlin aus neue Papiere und eine unauffällige Reisemöglichkeit zu finden.

Wer war diese Frau? Andrea Wolffenstein war die Tochter eines Stadtbaumeisters, und ihre und Donatas Eltern hatten sich gut gekannt. Donata erinnerte sich an ihre Kindheit – als Drei- oder Vierjährige hatte sie Andrea bewundert, die damals immerhin schon sieben oder acht gewesen sein muss. Manchmal hatte sie ihr die Güte erwiesen, sich mit ihr abzugeben, und ihr obendrein gestattet, mit ihrem Hündchen „Flocki" zu spielen. Solche Auszeichnung vergisst man nicht! Plötzlich war die Erinnerung wieder lebendig – die Spiele als Kinder, die Spaziergänge, die sie als junge Mädchen im Park von Weimar machten, die Ausflüge in den Thüringer Wald oder zum nahe gelegenen Schloss Belvedere. Später trafen sie sich nur noch sporadisch, obwohl beide in Berlin lebten, und schließlich verloren sie sich aus den Augen. Zu verschieden waren die Lebenswege verlaufen – die eine hatte sich ihrer Familie und zahlreichen Aktivitäten zugewandt, die andere ihre Karriere als Pianistin verfolgt.

Jetzt saßen sie sich also im Wohnzimmer in der Westendallee gegenüber, erzählten sich ihr Leben und suchten nach einer rettenden Idee für Andreas nächste Zukunft.

Der Ausspruch „‚Geht nicht' gibt's nicht!" hätte von Donata erfunden sein können. Und natürlich ließ sie sich auch diesmal nicht abschrecken, nur weil die Aufgabe knifflig war. Wie so oft ersann sie ein rundes, kleines Theaterstück und unternahm „Schritte". Dass Andrea für die Dauer der „Aufführung" ein Bett und ein Dach über dem Kopf in der Westendallee fand, versteht sich von selbst.

Nach einem Blick auf Andreas Ausweis meinte Donata, der sei zwar wenig überzeugend, aber den Namen „Maly" solle sie ruhig beibehalten, es würde sonst unnötig kompliziert. Dann suchte sie die Polizei auf, und zwar mit deutlich zur Schau gestellter Verdrießlichkeit. Bei ihr sei da eine Frau Maly aus Drohobycz erschienen, eine Sekretärin ihres Mannes, und im allgemeinen Tohuwabohu des Rückzugs sei dieser dummen Person leider der Ausweis abhanden gekommen. Zum Glück habe sie aber noch die Abmeldung aus Drohobycz (die hatten sie natürlich gefälscht). „Mir passt es überhaupt nicht, so einen fremden Menschen im Haus zu beherbergen, das ist doch keine Pension!", meinte sie indigniert. Was sie denn jetzt wohl tun könne? „Das Erste ist ja, dass die Frau Lebensmittelmarken bekommt", sagte der Beamte freundlich, „dann sind Sie diese Sorge wenigstens los." Den Ersatzausweis versprach er auf schnellstem Wege zu beschaffen. Tatsächlich erhielt sie eine Bescheinigung für die begehrten „Karten", ging schnurstracks zur Ausgabestelle und konnte den ganzen Segen entgegennehmen: Lebensmittelkarte, Kleiderkarte und sogar Rauchermarken. Das war doch immerhin schon etwas!

Im nächsten Akt ging es um die Reisemöglichkeit für Andrea. Diese hatte erfahren, dass man nicht mehr ohne Genehmigung mit dem schnellen D-Zug fahren durfte, und man hatte ihr geraten, nur die langsamen Personenzüge zu benutzen und unterwegs mehrmals umzusteigen. Donata verwarf diesen Plan sofort als viel zu gefährlich: „Noch auffälliger kannst du dich doch gar nicht verhalten, als wenn du auf jeder kleinen Scheißstation aussteigst und dann wieder in den nächsten Zug kletterst. Nein, du müsstest verrückt sein, wenn du das machst!" Sicher hatte sie Recht. Aber was tun, um eine Genehmigung für den D-Zug zu bekommen? Dazu musste man wieder zur Polizei gehen und einen sehr triftigen Grund nicht nur angeben, sondern auch belegen.

„Ich weiß, wie wir das hinkriegen", entschied Donata. Sie nahm ein leeres Stück Papier und spannte es in ihre Schreibmaschine ein. Links oben schrieb sie den Namen „Dr. Meta Mühlenkamp" und rechts oben eine Tübinger Adresse. Beides war frei erfunden.

„Sehr geehrte Frau Maly", schrieb Meta Mühlenkamp, „Ihre Bewerbung hat mir sehr gut gefallen. Ich wäre froh, wenn Sie die Stellung bei mir möglichst bald antreten könnten, denn die Praxis, den Haushalt und die Kinder allein zu bewältigen, ist auf die Dauer eine zu große Anstrengung, der ich nicht gewachsen bin. Ich hoffe, diese Zeilen reichen aus, um Ihnen die Genehmigung für den D-Zug zu geben. Sollte diese Genehmigung allerdings von der zuständigen Berliner Behörde nicht erteilt werden können, dann muss ich leider in Kauf nehmen, so lange zu warten, bis das Arbeitsamt Tübingen die Notwendigkeit bestätigt. – In der Hoffnung auf eine gute Zusammenarbeit, Heil Hitler!" Unterschrieben: „Dr. Meta Mühlenkamp". Bewaffnet mit diesem Brief, den sie ein bisschen geknittert hatte, damit er nicht so neu aussah, machte sie sich erneut auf den Weg zur Dienststelle.

Hilflos und sehr liebenswürdig fragte sie die Herren, ob das wohl ausreiche, und zeigte ihren Brief. Der zuständige Herr wiegte voller Bedenken den Kopf – er hielt das Schreiben für unzulänglich. „Ach Gott, wie lästig!", seufzte Donata. „Ich habe nun diese fremde Person am Hals, und die kriegt doch offenbar eine ordentliche Stellung – und sehen Sie mal, diese Ärztin wird doch wohl Grund dazu haben, wenn sie so dringlich schreibt …", und sie fuhr bekümmert fort: „Na ja, wenn Sie nicht befugt sind, dieses Papier auszustellen, dann bleibt eben nichts anderes übrig, als sich tagelang auf die Bahn zu begeben oder zu warten, bis das Arbeitsamt Tübingen sich meldet. Hoffentlich ist dann die Stelle für Frau Maly nicht weg!"

Ob der Beamte sich an seiner Ehre gepackt fühlte oder ob er Mitleid mit der armen Frau hatte, die da so betrübt vor ihm stand – er sprang über seinen Schatten. „Na, vielleicht ist das ja doch ein bisschen viel Aufwand. Wissen Sie was? Ich gebe Ihnen jetzt diese Reisegenehmigung, dann kann die Frau losfahren, und Sie sind sie endlich los!" Mutter bedankte sich und präsentierte Andrea strahlend das Dokument. Ordnungsgemäß meldete sie „Frau Maly" ab. „Nächster Wohnort: Tübingen", so steht es in der Bescheinigung, von der sich ein Durchschlag in den Unterlagen des Berliner Entschädigungsamtes befand. Ihre alte Freundin Andrea konnte gen Süden reisen.

Nach dem Umweg über Tübingen endlich in München angekommen, ernährten sie und ihre Schwester sich durch Heimarbeit: Sie fertigten die goldenen Blätter für Offiziersuniformen …

Nach dem Krieg blieb der Kontakt erhalten, wenn auch eher sporadisch. In einem Brief Andreas vom 10. September 1985, den ich nach Mutters Tod in einer Mappe fand, lese ich: „Dein Anruf gemahnt mich, Dir zu sagen, mit welch großer Dankbarkeit ich und auch Vally an Dich denken. Menschen, die die Zeit nicht miterlebt haben, können sich ja überhaupt nicht vorstellen, was für ein Risiko Dein so unwahrscheinlich mutiges Handeln bedeutete. Du hast uns, mit anderen, zu über vierzig Jahren glücklichem Schwestern-Beisammensein verholfen. Es ist mir ein Anliegen, Dir das endlich einmal zu sagen."

34

Unmittelbar nach dem Attentat auf Adolf Hitler am 20. Juli 1944 ist die Stadt voller Gerüchte: Das Attentat ist geglückt, und Hitler ist tot, das Attentat ist gescheitert, und Hitler lebt, Hitler ist tot, aber die Naziführung will die Leute glauben machen, dass ihm nichts geschehen sei. Erst als Hitler sich in einer Rundfunkansprache an sein Volk wendet, wird das Misslingen des Anschlags zur Gewissheit. Tagelang werden keine Namen genannt, nur von einer „kleinen Verräterclique" ist die Rede, es gibt täglich neue Spekulationen, wer dabei gewesen ist, wen sie verhaftet haben.

Heinrich Himmler, dem die Ermittlungen übertragen werden, setzt mit seiner Gestapo umgehend eine groß angelegte Verhaftungsaktion in Gang. Der Terror geht um. Durchsuchungen, Verhöre, Folter sind an der Tagesordnung, gegen die Angehörigen der Widerständler wird „Sippenhaftung" verhängt.

Die bange Frage in jeder Familie, in jedem Kreis der Hitler-Gegner lautet: Ist jemand von unseren Freunden darunter, irgendjemand, den wir kennen? Im Laufe der Wochen nach dem Anschlag sollte sich zeigen, dass es auch Leute aus dem Bekanntenkreis der Helmrichs getroffen hatte. Niemand von den sogenannten Haupträdelsführern, die am Galgen der Haftanstalt Plötzensee zu Tode gebracht wurden, sondern Personen aus dem militärischen und zivilen Dunstkreis der Regimegegner. Sie saßen im Gefängnis in der Lehrter Straße.

Donata versprach, sich um Bekannte und Unbekannte zu kümmern, so gut es ging, denn schließlich lebte sie in derselben Stadt, und die Westendallee war nicht allzu weit vom Gefängnis entfernt. Sie machte eine Eingabe und erhielt die Erlaubnis, Lebensmittel für die genannten Häftlinge abzugeben. Monatelang brachen die Mutter und meine beiden Schwestern abwechselnd zweimal wöchentlich zu dem schweren Gang in die Lehrter Straße auf, begleitet von der Furcht, dass einem ihrer Schützlinge etwas zugestoßen sein könnte. Durch Schutt und Trümmer, vorbei am zerschossenen Lehrter Bahnhof, gingen sie in der ständigen Angst, dass der öffentliche Verkehr wieder einmal eingestellt würde und dass sie von einem Fliegeralarm überrascht werden könnten, ehe sie wieder zu Hause waren – ein im letzten Kriegsjahr stets und ständig zu erwartendes Unheil. Es war bei Strafe verboten, sich während des Alarms auf der Straße aufzuhalten, man musste umgehend den nächstgelegenen öffentlichen Luftschutzraum aufsuchen. Das Vertrauen in die Sicherheit dieser Einrichtungen der Innenstadt war dem Vernehmen nach eher gering – man mied sie, wenn man irgend konnte. Die Furcht, nach Hause zu kommen, aber das Zuhause nicht mehr vorzufinden, begleitete sie bei jeder Rückkehr.

Meine ältere Schwester erinnert sich an die bedrückende Atmosphäre rund um das Gefängnis. Sie berichtet von langen Schlangen, die vor einem großen Tor warteten. Fast alles Frauen. Nachdem sich das Tor rasselnd und quietschend geöffnet hatte, eine bestimmte Anzahl von Wartenden eingelassen worden war und sich das Tor hinter ihnen wieder mit dem gleichen grausigen Rasseln und Quietschen geschlossen hatte, reihten sich die Frauen aufs Neue in eine Schlange vor einem kleinen Schalter ein. Je näher sie ihrem Ziel kamen, desto unruhiger wurden sie.

An diesem Schicksalsschalter gaben sie Essen, Zigaretten, Seife und saubere Wäsche ab, manchmal auch in Brot verborgene Zettelchen. Die schmutzige Wäsche trugen sie zum Waschen nach Hause. Beklommen warteten diese Frauen Stunde um Stunde. Im Sinne von Anstand und Moral waren sie eine deutsche Elite. Bei jedem Besuch fürchteten sie die Auskunft, dass es den Adressaten für ihre mitgebrachten Sachen nicht mehr gebe. „Ihre Sachen werden nicht mehr benötigt, Sie können sie wieder mitnehmen“, hieß es dann. Meine ältere Schwester erzählt von den Frauen, die zusammenknickten, und von den Umstehenden, die sie zu trösten versuchten in einer trostlosen Situation. Dieser Schicksalsschlag konnte eine jede von ihnen beim nächsten Mal treffen.

Die jüngere meiner beiden Schwestern erinnert sich, dass sie bei ihrem ersten „Ausflug" in die Lehrter Straße am Eingang schüchtern mit dem verhassten „Heil Hitler!" grüßte. Daraufhin sprach sie eine Dame unter den Wartenden an: „Kind, das brauchst du hier nicht zu sagen – die wissen doch sowieso, wie wir denken."

Es war kurz vor Weihnachten, und die Wartenden unterhielten sich darüber, was das Fest wohl bringen würde. Die jüngere Schwester, die inzwischen zu einer selbstbewussten Aufmüpfigkeit zurückgefunden hatte, wandte sich herausfordernd einem jungen SS-Mann zu, der zum Bewachungspersonal gehörte: „Und was wünschen Sie sich zu Weihnachten?" – „Ich wünsche mir Brotmarken", erwiderte er schlicht. Die Überraschung hätte nicht größer sein können. „Sie? – ausgerechnet Sie wünschen sich Brotmarken?", fragte die Schwester verblüfft. „Ja – es gibt hier nämlich Gefangene, die keinen Besuch bekommen", antwortete der junge Mann ihr. Als der Krieg vorüber war, musste er sich einem Prozess stellen, bei dem herauskam, dass er 1944, mit achtzehn Jahren, nicht ganz freiwillig zur Waffen-SS eingezogen worden war und als Bewacher im Gefängnis das in seinen Möglichkeiten Stehende getan hatte, um den Häftlingen zu helfen. Nach der Zeugenvernehmung wurde er freigesprochen.

„Meine armen Töchter", meinte Donata später voller Bedauern, „meine Jüngere war noch keine achtzehn Jahre – aber ich habe den Mädchen erklärt, dass es sein müsse, und damit war der Fall erledigt!"

Bestechungen, mit denen man das Los der Inhaftierten zu erleichtern hoffte, waren üblich, nicht nur am Gefängnistor in der Lehrter Straße. Bücher, die darüber berichten, geben Einblick in die oft verwirrenden und verworrenen Strukturen dieser Art des „Nachhelfens". Ehrliche Regimegegner, Parteileute, die ein doppeltes Spiel trieben, und gewissenlose Betrüger waren Teil solcher Netzwerke. Donata entsann sich einer geheimnisvollen Begebenheit, deren Anfang und Ende für sie im Dunkeln blieben.

Eines Tages wandte sich ein Bekannter aus Berlin-Lichtenrade an sie. Er gehörte nicht zum engsten Kreis, sondern eher zur Peripherie der verschworenen Gemeinschaft, aber offenbar setzte er großes Vertrauen in Mutters Organisationstalent, und diese zweifelte keinen Moment lang an der Notwendigkeit seiner Anfrage. Es ging darum, für einen besonderen Zweck so rasch wie möglich viertausend Zigaretten aufzutreiben. Verrückt genug, aber Donata hat nicht gefragt, wofür und für wen diese stattliche Summe in Zigaretten-Währung gebraucht würde, und sie hat es auch niemals erfahren. Die bewährte Regel lautete: Je weniger man weiß, desto weniger können sie aus einem herausfoltern.

Sie verlor keine Zeit und wurde sofort tätig. Ein Genie im Knüpfen und Pflegen von nützlichen und verlässlichen Verbindungen, meldete sie sich bei Josef im Lager. Das war jener belgisch-flämische Arbeiter, der unseren Garten nach der unseligen Großbunkeraffäre wieder in Ordnung gebracht hatte; das vorangegangene Weihnachtsfest 1943 hatte er auf Einladung meiner Mutter mit uns in der Westendallee gefeiert. Sie fragte ihn direkt und ohne Umschweife, ob er in der Lage sei, binnen kürzester Zeit viertausend Zigaretten zu beschaffen – sie habe eine ansehnliche Menge von Brotmarken anzubieten und auch etwas Geld. „Gut, Mamitje, das wird gemacht!", antwortete er knapp, und schon am nächsten Tag befanden sich die Zigaretten wahrhaftig in Donatas Händen. Auf einem verschlungenen Weg, an den sich niemand mehr erinnert, wurden sie ins Gefängnis eingeschleust, und dort scheinen sie ihren Zweck dann auch erfüllt zu haben. Mehr war nicht zu erfahren gewesen.

Unmittelbar nach dem 20. Juli erließ Hermann Göring als der rangälteste Offizier der Wehrmacht eine Verfügung, die uns heute nur noch wie eine lachhafte Anekdote anmuten mag. In Wahrheit bedeutete sie damals jedoch nicht weniger als den Bruch mit einer langen militärischen Tradition. Sämtliche Verbände des Heeres wurden angewiesen, von nun an mit dem „Hitlergruß" zu grüßen. Statt die Hand salutierend an die Mütze zu legen, hatte der deutsche Soldat fortan den Arm in die Luft zu recken. Dies war mehr als ein Symbol – es war eine Geste der sichtbaren Unterwerfung. So war es gemeint, und so wurde es auch verstanden und dennoch, oder gerade deswegen, befolgt.

35

Die letzten Monate des Krieges sind in meiner Erinnerung als eine Art Zwischenetage oder eine Zeit zwischen den Zeiten haften geblieben. Natürlich ging auf dem Land, in unserem Dorf Müggenburg, das Leben entsprechend den Jahreszeiten normal weiter. Die Kartoffeln kamen in die Kartoffelmiete, die Äpfel in die Obsthorde, das Vieh blieb im Stall, und zu Weihnachten gab es wie immer eine Weihnachtsgans. Und doch war alles anders. Über dem alltäglichen Lauf der Dinge lag eine spürbare Spannung, und selbst wir Kinder ahnten, dass große Ereignisse bevorstanden, auch hier auf unserer friedlichen Halbinsel.

Ungeniert sprachen die Erwachsenen vom Vormarsch der Amerikaner, Engländer und Franzosen im Westen und der Roten Armee im Osten. Über Hitlers „Wunderwaffe" wurde nur gelacht – kein Mensch in meiner Umgebung schien an sie zu glauben. Eifrig und ziemlich offen wurden die deutschsprachigen Nachrichten der BBC gehört; auf diese Weise war ich – so weit man das als Neun- oder Zehnjährige sein kann – recht gut im Bilde.

Im Herbst 1944 kam mein Vater, den ich so sehr vermisste, zu einem kurzen, lang ersehnten Besuch. Meine Seligkeit kannte keine Grenzen! Was ich damals nicht wusste: Sein Besuch galt nicht nur mir, sondern auch Tosia, einer jungen Polin, die in Wahrheit eine verfolgte Jüdin war und Sylvia hieß. Sie war von Drohobycz aus nach Berlin zu meiner Mutter gebracht worden und von dort aus nach Müggenburg zu Onkel Friedel und Tante Maria.

Alle fieberten dem Ende des Krieges entgegen. Ich hatte meinen ganz persönlichen Grund, es herbeizuwünschen – ich wollte endlich wieder mit Mutter, Vater, den Geschwistern und Hedda vereint sein. Mitunter kam ich mir vor wie ausgesetzt – gut ernährt, aber voller Kummer. Erst später konnte ich ermessen, wie wichtig es für meine

Mutter gewesen sein muss, ihr Kind satt und sicher zu wissen. Kinder, denen es erspart geblieben ist zu hungern, haben kein Verständnis für solche Überlegungen. Ich tat mir leid und fühlte mich bitterlich allein gelassen. Das war undankbar, wie ich von verschiedenen Seiten hörte, und darüber hinaus entsprach es ja noch nicht einmal der Wahrheit.

Der Wunsch und die Hoffnung, dass diese wirre Zeit bald zu Ende gehen möge, war täglicher Gegenstand der Tischgespräche. Aber auch die Sorge, was dann wohl auf uns zukommen mochte, wurde immer deutlicher ausgesprochen. Es war nicht nur die Befürchtung, dass die Gegend hier an der Ostsee plötzlich zum Kampfgebiet werden könnte – die Angst vor den Russen ging um. Sie hatten den Ruf, unberechenbar zu sein, und die, die wussten, wie die Deutschen im Osten gehaust hatten, fürchteten sich vor der Vergeltung. Auch Hitlers Propaganda mag das ihre zu der tiefen Verunsicherung beigetragen haben. Ich erinnere mich noch gut daran, dass selbst die Polinnen, Sophie und Marianne, und auch die ukrainische Anna, die bei unserer Tante Hilde im Haushalt half, ihrer Befreiung durch die russische Armee nicht nur mit Freude entgegenblickten. Sie hatten nicht die geringste Vorstellung, wie ihre nähere Zukunft aussehen würde, und waren entsprechend beunruhigt.

Im Herbst 1944 entschied Onkel Friedel, wir hätten von nun an alle Russisch zu lernen, da wir demnächst von den Russen erobert würden. Und so geschah es. Er hatte ein Buch aufgetrieben, es hieß „1000 Worte Russisch“ und war im Rahmen einer populären Reihe von Sprachführern mit dem Titel „1000 Worte …“ erschienen. Fortan saßen wir abends in konspirativer Runde im Wohnzimmer am Kamin und versuchten, uns diese schwierige Sprache wenigstens bruchstückhaft anzueignen. Ich erinnere mich, dass es mir großen Spaß gemacht hat.

Unsere Sprachkenntnisse sollten sich nach dem Einmarsch der Russen dann auch in der Tat als recht nützlich erweisen. Monate später genoss ich das ungläubige Erstaunen der jungen Kosaken, wenn ich sie auf Russisch anredete.

Freilich stand es außer Frage, dass unser Feind, der Herr Muëller, nicht das geringste Verständnis für unsere Studien gehabt hätte. Unser

Lerneifer wäre uns schlecht bekommen, wenn er erfahren hätte, was für Vokabeln wir da paukten. Denn selbst so kurz vor Toresschluss zeigten die Herren in Braun und Schwarz keine Schwäche und kannten folglich auch keine Gnade. Und wenn schon nicht Gnade – selbst eine gewisse pragmatische Klarsicht ließen die wenigsten von ihnen zu.

Während wir immer häufiger das Grollen der „Stalinorgeln" in der Ferne hörten und während aus dem undeutlichen Grollen zunehmend ein nicht mehr zu überhörendes Donnern wurde, breitete sich um uns herum der herrlichste, unvergesslichste Frühling mit all seiner Pracht aus. Die Forsythien blühten im März, die Kastanienbäume im April, und wir trugen Sommersachen. Nur mit der ländlichen Ungebundenheit, mit dem Herumstreifen und den Spielen auf der Pferdekoppel und im Wald war es vorbei. Wir Kinder erhielten strenge Anweisung, in Hörweite vom Haus zu bleiben.

Dann kam der Tag, an dem wir möglichst viele Kleidungsstücke übereinander anziehen sollten – ja, trotz der Wärme, macht schon! –, und es hieß, dass alle Frauen und Kinder zum Kirr gebracht würden. Mit zwei Ruderbooten wurden wir eilig übergesetzt. Wir Kinder waren furchtbar aufgeregt, wir schliefen zu mehreren in einem Raum auf dem Fußboden, und ich erinnere mich, dass ich es mehr als ein spannendes Abenteuer empfand, als dass ich Angst gehabt hätte.

Es muss schon am übernächsten Tag gewesen sein, als wir den ersten unserer russischen Befreier sahen – langsam machte er die Tür zur Stube auf, Tante Marias Ziehharmonika hing ihm lose über die Schulter, das Instrument gab elende Töne von sich, und der Soldat hatte einen eigenartigen Gesichtsausdruck, denn seine Augen rutschten ihm weg, kaum dass er einen von uns fixierte. Er war sturzbetrunken! Die Erwachsenen schienen sich nicht einig zu sein, ob sie das für gut oder schlecht halten sollten.

Bald nach dieser Begegnung wurde durch Mundpropaganda bekannt, dass die anrückenden Russen kurz vor ihrer Ankunft auf dem Darß ein für die SS bestimmtes Schiff mit viertausend Flaschen Schnaps an Bord gekapert hatten.

Die wenigen Russen, die sich auf dem Kirr blicken ließen, zogen am nächsten Tag wieder ab, und ich kann mich nicht erinnern, dass einer der Frauen etwas zugestoßen ist. „Vergewaltigung" war zu dieser Zeit beileibe kein Fremdwort mehr für mich, ich wusste ziemlich genau, dass die Frauen vor allem davor Angst hatten. Tante Maria, so wurde flüsternd erzählt, sei von einem betrunkenen Russen festgehalten worden. Aber noch ehe er sie richtig „am Wickel gehabt" habe, sei sie ihm durch einen raschen Sprung aus dem Fenster entkommen. Für uns Kinder kramten die Soldaten klebrige Bonbons aus der Hosentasche und schenkten sie uns. „Nichts ablehnen! Sonst werden sie ärgerlich", wurde uns eingeschärft. Als ob wir etwas so Seltenes wie ein zuckersüßes Bonbon verschmäht hätten!

Während wir wohl verstaut auf dem Kirr warteten, was als Nächstes passieren würde, war Onkel Friedel in Begleitung von einem oder zwei anderen Männern den Russen mit weißen Fahnen entgegengegangen. Eine erste Bewährungsprobe für die Russisch-Lektionen.

Ein paar Tage später, als der Krieg endgültig vorbei war, kehrten wir alle ins Dorf zurück. Traurig hing ich abwechselnd an Sophies und an Mariannes Hals, als wir einander Lebewohl sagen mussten, denn ich ahnte, dass wir uns niemals wiedersehen würden. Ich wünschte mir bei diesem Abschied nichts sehnlicher, als dass auch ich mich bald auf den Weg nach Hause, nach Berlin, machen könnte. Das allerdings entschieden meine Mutter, Tante Maria und Onkel Friedel anders – es sei das Beste für mich, wenn ich vorerst in Müggenburg bliebe. Und so musste ich noch bis zum August 1946, bis zum Beginn des neuen Schuljahrs, warten, bevor ich endlich zurückkehren konnte. Wenigstens besuchte mich meine älteste Schwester für zwei Wochen, spielte vertraute Stücke auf dem Klavier und ging mit mir zum Schwimmen.

Auch in unserem Dorf begann nun die neue Zeit, die „Russenzeit", das Nachkriegsleben in der SBZ, der Sowjetischen Besatzungszone. Die Landarbeiter waren nicht mehr Polen und Ukrainer, sondern deutsche Ostflüchtlinge. Es gab die Besatzung und eine „Kommandatura", mit der gern gedroht wurde – mal von den Russen, um die Besiegten zu disziplinieren, mal von den Deutschen, die sich gegen Übergriffe der Soldaten wehren wollten.

Es gab auch ein unerwartetes Glück in diesem langen, hellen Sommer 1945 – das waren die Kosaken mit ihren entzückenden kleinen Pferden, auf denen sie uns Kinder reiten ließen. Auf dem Darß ging es noch drunter und drüber, sodass sich die Erwachsenen nicht viel um uns kümmern konnten und wir eine nie gekannte Freiheit erlebten. Wir lernten das Kommando „Frau, komm“ und bezogen es in unsere Spiele ein, die Worte „Uri, Uri“ bedeuteten die Herausgabe der Uhren, und alle wussten, dass unsere Fahrräder ständig in Gefahr waren, von den Russen geklaut und zu Schrott gefahren zu werden. Einmal fuhr ich auf Tante Marias großem Fahrrad die Dorfstraße entlang, im Stehen, denn der Sitz war viel zu hoch, als zwei russische Soldaten auf mich zukamen und auf das Rad zeigten. In meiner Panik stieg ich ab und rannte, so schnell ich konnte, das Rad schiebend, davon. Offenbar habe ich meinen Beinen mehr vertraut als dem viel zu großen Vehikel! Als ich mich vorsichtig umschaute, sah ich, dass die beiden Soldaten stehen geblieben waren und sich ausschütteten vor Lachen.

Erst im Herbst 1945 normalisierte sich unser Alltag, die Zeit der Ungebundenheit war beendet. Die Kosaken zogen ab, ein neues Regiment – ohne Pferde! – kam auf den Darß, und im späten September wurde der Unterricht in der kleinen Schule wieder aufgenommen. Wenn ich mich nicht sehr täusche, tauchten schon bald darauf die ersten blauen Hemden der „Freien Deutschen Jugend“, kurz „FDJ“ genannt, auf. Ich weiß noch genau, dass Rudi, ein älterer Nachbarsjunge aus dem Dorf, einer der wenigen, die vordem das braune Hemd der Hitlerjugend mit dem ledernen Knoten unter dem Kinn getragen hatten, uns eines Tages stolz sein neues blaues Hemd vorführte.

36

Anfang 1945 verließen immer mehr Menschen die Hauptstadt und flüchteten in total überfüllten Zügen Richtung Westen. Die Aussicht, von den Russen erobert zu werden, machte ihnen Angst und ließ sie das Weite suchen. In den Augen der Nazis, die nicht müde wurden, ihre Propaganda vom Endsieg feilzubieten, war das sicherlich sträflicher Defätismus – aber wer hätte all die Leute noch aufhalten können?

Im Februar oder März dieses Jahres verabschiedete sich die jüngere meiner beiden Schwestern. Die Achtzehnjährige gab an, dass ihre Angst vor den Russen ihr das Bleiben unmöglich machte. Heute glaubt sie, das sei nur ein Teil ihres Fluchtwunsches gewesen. In Wahrheit wollte sie einfach frei sein – fort von ihrer stets beschützenden Mutter, deren Obhut sie wohl als Beengung empfand. Sie siedelte über nach Hamburg, suchte sich ein Zimmer zur Untermiete und träumte von ihrer Karriere als Schauspielerin. Wohl hatte sie Kontakt zu Eberhard Helmrich, aber von den Geschwistern war sie diejenige, die ihm am wenigsten nahegestanden hatte. Nein – sie wollte ihr eigenes Leben führen und ihre eigenen Wege gehen.

In diesen Wochen, als das Ende des „Tausendjährigen Reiches" zum Greifen nahe war, machten noch einmal Gerüchte die Runde, dass die Reichsführung die „Privilegierten" unter den Juden nicht länger schonen wolle. Sie sollten von ihren „arischen" Ehepartnern getrennt und fortgebracht werden, hieß es. Tatsächlich existiert ein Beschluss vom 15. Januar 1945, die Betroffenen bis zum 15. Februar in Sammeltransporten nach Theresienstadt zu deportieren. Die Städte in Trümmern, die Straßen verstopft durch Flüchtlingstrecks, die Wehrmacht an allen Fronten auf dem Rückzug – und doch wurden in den meisten der großen Städte gegen Ende der zweiten Februarwoche solche Transporte organisiert! Allerdings fanden Deportationen nur mehr vereinzelt statt. Die

Kapazitäten reichten nicht mehr aus, und das allgemeine Kriegschaos wuchs mittlerweile selbst den schärfsten Aktivisten der „Endlösung" über den Kopf. Dennoch gelang es ihnen noch im März und im April, die unglücklichen Menschen aus dem Jüdischen Krankenhaus in Berlin in die brandenburgischen Konzentrationslager Sachsenhausen und Ravensbrück zu verschleppen. Es waren dies die letzten Deportationen.

In diesen Wochen und Monaten gehen die Luftangriffe der Alliierten unvermindert weiter. Es gibt jetzt häufig auch tagsüber mehrmals Alarm, des Nachts sowieso. Die Strom-, Gas- und Wasserversorgung und das Telefon sind immer wieder lahmgelegt, mal für Stunden, manchmal sogar tagelang. Jede normale Kommunikation ist zum Teufel. Die Bewohner der Hauptstadt leben in einer Flüstergemeinschaft, sie hören und verbreiten Gerüchte aller Art. Sie wissen nicht mehr, wie es in anderen Stadtteilen aussieht, verlässliche Informationen reichen nur bis zur nächsten Straßenecke.

Derweil rückte hörbar die Front unaufhaltsam näher. „Habt ihr nicht schreckliche Angst gehabt?", habe ich die Mutter ein paar Jahre später gefragt. Sie hat kurz überlegt und dann langsam den Kopf geschüttelt. „Nein – komischerweise eigentlich gar nicht!" Wenn alles um einen herum verloren geht, vielleicht verliert man dann auch die Angst, wer weiß.

Nicht, dass Donata sorglos oder gar leichtsinnig gewesen wäre, das sicherlich nicht. Aber sie brauchte wohl ihre gesamte Energie dafür, sich auf das Weiterleben zu konzentrieren und einen Schritt vor den anderen zu setzen, um das Nächstliegende zu bewältigen. In lähmende Apathie zu versinken war ihre Sache gewiss nicht.

Die drei Frauen – Donata, ihre älteste Tochter und natürlich Hedda – hielten die Stellung im vertrauten Haus in der Westendallee. Sie hatten großes Glück gehabt, denn abgesehen von ein paar herausgeflogenen Fensterscheiben und anderen kleineren Schäden, war das Haus bisher unversehrt geblieben. Meine Mutter und diese Schwester hatten schon früher ein besonders enges Verhältnis gehabt, in dieser Zeit aber wurde es zu einer sehr festen Verbindung, und das sollte so bleiben. „Wir waren nicht nur Mutter und Tochter", hat Donata später erzählt, „sondern auch so etwas wie Kriegskameraden. Wir sind löschen gegangen, wir sind helfen gegangen, wir haben Möbel aus brennenden Häusern auf die Straße geschleppt – wir haben wirklich alles gemeinsam gemacht."

Es gab da noch etwas anderes, das sie teilten, nämlich eine Sorge und Verantwortung besonderer Art. In einer Mansarde hielten sie in dieser Zeit wieder einmal einen Gast versteckt, eine verfolgte Jüdin, eine alte Frau, deren Gesundheitszustand ihnen Kummer bereitete. Der befreundete Arzt, einer von Mutters Liste, der schon vielen Illegalen geholfen hatte, tat auch diesmal, was er tun konnte, aber das war nicht genug, nicht das, was unter normalen Umständen medizinisch geboten gewesen wäre. Mutter und Tochter zerbrachen sich den Kopf, wie sie sich verhalten sollten, wenn die Frau stürbe. Sie beschlossen, dass es dann nur einen Ausweg gäbe – die arme Frau nachts bei Alarm, wenn sich hoffentlich weiter niemand draußen aufhielte, ein paar Meter vom Haus entfernt auf die Straße zu legen. Glücklicherweise kam es nicht dazu. Die Frau erholte sich leidlich, ging noch in ein anderes Versteck und erlebte ihre Befreiung.

Für viele Berlinerinnen und Berliner begann die Eroberung ihrer Stadt mit der jähen Erkenntnis, dass das alltägliche ohrenbetäubende Krachen und Splittern nicht mehr durch Bomben, sondern durch Geschütze verursacht wurde. Die Russen waren also da! Der Kampf um die Reichshauptstadt hatte begonnen. Er wurde verbissen geführt, und er war außerordentlich blutig. Siebzehn lange Tage und Nächte hat er gedauert. Anders als in den Städten, die die Westalliierten meist rasch und unblutig besetzten – scherzhaft sprach man von „Kapitulation per Telefon" –, wurde Berlin in einem sinnlosen Gefecht um Häuser und Straßen verteidigt und damit der Zerstörung preisgegeben. Bar jeder Vernunft und Einsicht richtete der Großadmiral Dönitz noch am 2. Mai 1945 den folgenden verlogenen Tagesbefehl an die Wehrmacht:

„Deutsche Wehrmacht! Meine Kameraden! Der Führer ist gefallen. Getreu seiner großen Idee, die Völker Europas vor dem Bolschewismus zu bewahren, hat er sein Leben eingesetzt und den Heldentod gefunden. Mit ihm ist einer der größten Helden deutscher Geschichte dahingegangen. In stolzer Ehrfurcht und Treue senken wir vor ihm die Fahnen. Der Führer hat mich zu seinem Nachfolger als Staatsoberhaupt und als Oberster Befehlshaber der Wehrmacht bestimmt. Ich übernehme den Oberbefehl über alle Teile der Deutschen Wehrmacht mit dem Willen, den Kampf gegen den Bolschewismus so lange fortzusetzen, bis die kämpfenden Truppen und die Tausenden Familien des deutschen Ostraumes vor der Versklavung und Vernichtung gerettet sind. Mit den Engländern und Amerikanern muss ich den Kampf so weit und so lange fortsetzen, wie sie mich in der Durchführung des Kampfes gegen die Bolschewisten hindern. Die Lage erfordert von euch, die ihr schon so große geschichtliche Taten vollbracht habt und die ihr jeder das Ende des Krieges herbeisehnt, weiteren bedingungslosen Einsatz. Ich verlange Disziplin und Gehorsam. Nur durch vorbehaltlose Ausführung meiner Befehle werden Chaos und Untergang vermieden. Ein Feigling und Verräter ist, wer sich jetzt seiner Pflicht entzieht und damit deutschen Frauen und Kindern Tod und Versklavung bringt. Der dem Führer von euch geleistete Treueeid gilt von jedem einzelnen mir als dem vom Führer festgesetzten Nachfolger. Deutsche Männer, tut eure Pflicht, es gilt das Leben unseres Volkes!“

Der jämmerliche Selbstmord des „Führers“ wurde als „Heldentod“ verkauft, während Männer, die dem Führerbefehl nicht mehr folgen wollten, noch erschossen oder erhängt wurden.

Mit Entsetzen beobachteten Donata und die Menschen, die in der unmittelbaren Nachbarschaft lebten, dass etwa hundert Meter hinter den Häusern der Westendallee, jenseits eines Bahndamms, die Rote Armee ihre Geschütze in Stellung brachte. Es dauerte nur kurze Zeit, bis die SS erschien und die Räumung der Häuser anordnete, weil genau hier ein Verteidigungswall aufgebaut werden sollte. Nun waren sie also am Ende doch noch in die Schusslinie geraten und mussten sehen, wo sie unterkamen. Ade, du liebe Westendallee!

Die Bewohner mussten ihre Häuser verlassen, und Mutter, Schwester und Hedda fanden Aufnahme in der Nähe, im Keller der Heilig-Geist-

Kirche bei den Steyler Missionaren. Etwa fünfzig Menschen kampierten in diesem nicht sehr großen Raum. Die drei Frauen hatten das Zeitgefühl weitgehend verloren, darum ist die Erinnerung daran, wie lange sie hier zugebracht haben, nur sehr vage. Vielleicht drei Tage, vielleicht aber auch fünf oder sechs. Sehr deutlich erinnert sich meine Schwester daran, dass die Padres Suppe austeilten. Im krassen Gegensatz zu der allgemeinen Auflösung um sie herum und zu der Anspannung, die die Menschen durchlitten, stand die offenbar unerschütterliche, wohltuende Ruhe, die die frommen Männer ausstrahlten. Das gab ihr Zuversicht.

Hin und wieder gelang es, eine telefonische Verbindung herzustellen. Männer und Frauen aus anderen Berliner Bezirken, die hier gestrandet waren, versuchten verzweifelt Kontakt zu ihren Angehörigen aufzunehmen. Den nahe gelegenen Ortsteil Eichkamp hatten die Russen angeblich schon eingenommen, und Schreckensnachrichten machten die Runde.

Donata wurde zunehmend nervöser – die Enge, die vielen Menschen und all die Gerüchte setzten ihr zu. Sie zerbrach sich den Kopf, wann und wie sie wohl aus diesem Keller wieder herauskommen würden, und beschloss, so rasch wie möglich nach Hause zurückzukehren, trotz der Gastfreundschaft der Padres. Sie hielt es für besser, im eigenen Bunker in der hintersten Ecke des Gartens Zuflucht zu suchen.

Die kleine Schar machte sich also auf den Weg, und als sie die Westendallee erreichten, stellten sie zu ihrer Erleichterung fest, dass dort von einer Verteidigungslinie weit und breit nichts zu sehen war und dass die Häuser noch so dastanden, wie sie sie verlassen hatten.

Mutter, Schwester und Hedda begaben sich in den Bunker, eine Nachbarin gesellte sich hinzu, und – sie warteten ab. Sicher hundertmal hatten sie sich in den letzten Monaten ausgemalt, wie es sein würde, wenn der Krieg zu Ende wäre. Eine Explosion des Glücks, ein Jubel der Erleichterung, ein Strom von Dankbarkeit! Die Wirklichkeit sah anders aus.

Die Frauen lagerten im Rund der Bunkerröhren und führten tiefsinnige Gespräche über Goethe und Schiller – meine Schwester kann es beschwören. Plötzlich hörten sie Schritte auf der Treppe, ein Mann schaute durch die mit einer Matratze geschützte Türöffnung und sagte einfach nur: „Der Krieg ist aus!“ – dann ging er wieder. Die Frauen sahen sich sprachlos an und rührten sich nicht. Eigentlich musste doch jetzt irgendetwas passieren! Aber es passierte gar nichts.

Nachdem Donata sich wohl als Erste von dem Schock erholt hatte, verkündete sie: „Na, wenn der Krieg aus ist, dann können wir ja auch ins Haus gehen.“ Sie standen auf, stiegen die Treppe empor, sahen sich vorsichtig um und gingen den Weg durch den Garten ins Haus. Dort kochte Hedda – die erste Tat der Nachkriegszeit – eine Erbsensuppe, und die Frauen setzten sich in aller Ruhe um den Tisch und nahmen ihre erste Mahlzeit mit Genuss und ohne Angst vor Sirenen und Bomben zu sich.

Obwohl die Nationalsozialisten kapituliert hatten, gab es noch ein letztes tragisches und vollkommen sinnloses Kriegsopfer in der unmittelbaren Nachbarschaft. Ein aufrechter Freund durch all die schweren Jahre sah sich plötzlich zwei jungen SS-Leuten gegenüber, die in sein Haus eingedrungen waren und dort aufgeregt mit ihren Waffen fuchtelten. „Der Krieg ist aus, geben Sie Ihre Waffen doch ab!“, forderte der Mann die beiden auf, doch die weigerten sich. Daraufhin forderte er sie auf, sie ihm auszuhändigen, wenn sie sie schon nicht bei der vorgesehenen Stelle abliefern wollten. „Mit welchem Recht verlangen Sie das?“, fragten sie aggressiv. „Es ist mein Haus, in dem Sie sich befinden!“ Darauf erschossen sie den Mann. Und seine Frau musste es vom Nebenzimmer aus mitanhören.

Donata blieb auch im größten Durcheinander ihren Überzeugungen treu. Als die Russen ihre Geschütze verließen und durch den Garten auf das Haus zukamen, beherzigte sie Eberhards dringenden Rat: „Schließe nie etwas ab!“ Sie ließ die Tür offen und begrüßte die Soldaten, sie bot ihnen Tee an und zeigte ihnen, wo sie sich waschen konnten. Die Gabe der Gastfreundschaft blieb ihr auch in dieser neuen, unübersichtlichen Situation erhalten. Sie vertraute darauf, dass man jemanden, mit dem man gemeinsam gegessen oder getrunken hat, nicht so einfach umbringt – oder vergewaltigt. Ihre Tochter hatte sich freilich außer Sichtweite in die Mansarde begeben. Das Glück wollte es, dass einer der Soldaten, ein Offizier, ziemlich fließend Französisch sprach, sodass sie sich unterhalten konnten.

Natürlich haben die drei Frauen unwahrscheinliches Glück gehabt, dass ihnen nichts geschehen ist!

Sie wurden nicht einmal bestohlen. Außer einem aufziehbaren Koffergrammophon und ein paar Schellackplatten ist alles an seinem Platz geblieben. In anderen Gegenden Berlins herrschten furchtbare Zustände, wie wir aus vielen Schilderungen wissen. Erst als nach zwei Monaten die Engländer, Amerikaner und Franzosen kamen und Berlin zur Viersektorenstadt erklärt wurde, begann das Leben an die Stelle des Überlebens zu treten. Zu dieser Zeit kehrten auch viele der vorher westwärts Geflüchteten zurück und zeigten sich tief erschüttert, wenn sie ihre Habe nicht mehr so vorfanden, wie sie sie verlassen hatten. Eine solche Nachbarin machte Donata Vorwürfe – wieso sie nicht besser auf ihre Nähmaschine achtgegeben habe, denn die sei nun weg! Die Angegriffene antwortete lakonisch: „Ich schlage vor, dass Sie beim nächsten Krieg hier bleiben und selbst auf Ihre Sachen aufpassen!“

Eine bizarre kleine Begebenheit aus diesen frühen Maitagen soll noch erwähnt werden – auch sie nicht untypisch für die so prinzipientreue und gleichzeitig so unberechenbar inkonsequente und großherzige Donata. Ein sehr junger SS-Mann mit einem kleinen Leiterwagen stand plötzlich an ihrer Haustür und bat um zivile Kleidung. Die Mutter erkannte in ihm einen der Bewacher aus dem Gefängnis in der Lehrter Straße wieder, der sich, wie sie sagte, immer anständig gegenüber den Gefangenen und ihren Besuchern verhalten hatte. Da gab sie ihm dann eine graue Jacke von ihrem Mann, mit der er dankbar davonzog. Sie habe das ja sozusagen gegen ihren eigenen Schwur getan, niemandem von dieser Brut jemals zu helfen, entschuldigte sie sich, „aber“, fügte sie hinzu, „es gibt eben Situationen, da kann man dann trotz allem Gründe finden, warum man so einem doch eine Jacke schenkt.“

37

Die Stadt, in die ich als Elfjährige im August 1946 zurückkehrte, war ein Trümmerhaufen. Dennoch erschien sie mir aufregend lebendig! Berlin hatte vieles zu bieten – es gab Theater, Konzerte und Kino, endlich kamen auch Bücher zum Vorschein, die Hitler seinem Volk zu lesen verwehrt hatte. Die Erwachsenen in meiner Umgebung sogen begierig und begeistert an Kultur ein, was sich inzwischen außerhalb Deutschlands entwickelt hatte. Und wenn nicht gerade der Strom ausfiel, brannten überall die Lichter! Die Zeit der deprimierenden „Verdunkelung" lag als ferne, überwundene Vergangenheit hinter uns.

Berlin war vielsprachig geworden, es hatte eine multikulturelle Einwohnerschaft – nur kannte man damals dieses Wort noch nicht. Die Soldaten der Besatzungsmächte mit ihren Familien, Ausländer vieler Nationen, Flüchtlinge und Tausende jüdische „DPs" (Displaced Persons) aus Osteuropa, die auf ihre Auswanderung nach Übersee oder nach Palästina warteten, bewohnten die Stadt. Auch in den Wagen der S-Bahn ging es polyglott zu. Mutter und ich machten eine Art Spiel daraus, uns gegenseitig das Gehörte ins Deutsche zu übersetzen. Sie war für Englisch und Französisch „zuständig" und für ein paar Brocken aus anderen westlichen Sprachen, ich revanchierte mich, indem ich ihr die Gespräche der Russen leise wiedergab.

Die Berliner Bevölkerung hatte sich mehr oder weniger darauf eingerichtet, mit ihren früheren Feinden und ihren ehemaligen Opfern zusammenzuleben. Ob „Ami-Liebchen", Kindermädchen bei jungen Eltern aus den DP-Lagern oder „house-keeper" bei englischen Offiziersfamilien – allen diesen Beziehungen war eine pragmatische Grundlage gemeinsam: Dienstleistung gegen Waren, die es in keinem deutschen Geschäft zu kaufen gab. Das diente beiden Seiten, die unmittelbare Vergangenheit blieb dabei tunlichst ausgeklammert in dieser Zeit des

Übergangs. Sie hätte nur gestört. Wir lebten ja nicht nur in einer Zeit des Übergangs, sondern gleichsam in einer Übergangsgesellschaft.

Von meiner kleinen Müggenburger Dorfschule kam ich nun in die zweite Klasse eines neusprachlichen Gymnasiums für Mädchen, in die Westendschule, die schon meine beiden Schwestern besucht hatten. Unser Schulgebäude stand uns allerdings nicht zur Verfügung, denn es wurde als Krankenhaus genutzt. Wir wurden auf zwei andere Gebäude verteilt, die unteren Klassen kamen in die Leistikowschule, meine alte „Volksschule", die oberen Klassen, zehn Gehminuten davon entfernt, in eine leer stehende große Villa in der Bayernallee, in der noch kurz zuvor das „Rüstungskommando der Wehrmacht" residiert hatte. Die Lehrer mussten zwischen den Unterrichtsstunden hin- und herlaufen, was uns zusätzliche Pausenzeit bescherte.

Wir Westendschülerinnen waren nicht die Einzigen, die diese Räume benutzten. Wir teilten sie mit den Schülern der Herderschule, eines Gymnasiums für Jungen, die ebenfalls kein eigenes Schulhaus mehr hatten. Wie damals an vielen Schulen der Stadt üblich, hatten wir Schichtunterricht: eine Wochen vormittags, die andere Woche nachmittags. Das klappte erstaunlich gut, und ich erinnere mich nicht an Unterrichtsausfälle, außer bei starken Minustemperaturen. Natürlich bemühten wir uns herauszufinden, welcher Junge auf welchem Platz saß – umgekehrt genauso –, und wir schrieben uns gegenseitig Zettelchen, die wir in die Höhlung für das Tintenfass legten.

Es gab zu dieser Zeit viele Frauen ohne Männer und viele Kinder ohne Väter. Sie waren im Krieg gefallen oder in Gefangenschaft geraten. Die Familie Helmrich – genauer gesagt, ihr Berliner Teil – bestand weiterhin aus der Mutter, meiner ältesten Schwester, Hedda und mir. Der Bruder kam erst im November 1947 aus russischer Kriegsgefangenschaft zurück, die zweite Schwester hatte beschlossen, vorläufig in Hamburg zu bleiben, wo sie eine interessante Tätigkeit beim Nordwestdeutschen Rundfunk gefunden hatte.

Und der Vater? Er lebte doch, und zwar in Deutschland, nur ein paar Zugstunden von uns entfernt! Warum kam er nicht zu uns? Ich

Donata Helmrich, 1945/46

war maßlos enttäuscht, als die Mutter mir klipp und klar erklärte, das gehe nun einmal nicht. Ich wisse doch, dass er Landwirt sei, und in Berlin gebe es im Augenblick keine Arbeit für ihn. Er müsse deshalb in Westdeutschland bleiben.

Habe ich ihr diese Erklärung wirklich abgenommen? Ich weiß nur, dass ich nicht weiter nachgefragt habe. Heute wundere ich mich darüber, warum ich mich mit ihrer Antwort zufrieden gab. Ob ich Angst hatte vor der Wahrheit, ob ich ahnte, dass es andere Gründe für sein Fernbleiben gab?

Donata Helmrich, ca. 1946

Die Mutter fing bald nach dem Krieg an, als Fremdsprachensekretärin und Übersetzerin bei einer amerikanischen Nachrichtenagentur im Bezirk Zehlendorf zu arbeiten. Die Vorzüge ihrer Tätigkeit waren beträchtlich: Neben ihrem Gehalt bekam sie dort heißen Bohnenkaffee, täglich eine warme Mahlzeit in der Kantine, und sie hatte einen geheizten Arbeitsplatz. Es gab jedoch eine strenge, für die Mutter wie für alle anderen deutschen Angestellten nur schwer erträgliche Vorschrift: Das übrig gebliebene Essen wanderte in großen Mengen in den Abfall! Es war bei Verlust der Arbeit verboten, irgendetwas davon mit nach Hause zu nehmen. Diese Verschwendung im hungrigen Berlin hatte

Gründe: Es sollte erst gar nicht die Versuchung entstehen, dem Schwarzmarkt eine weitere Bresche zu schlagen. Ob das wirklich gelungen ist, darf bezweifelt werden. Oft arbeitete die Mutter bis spät in die Nacht, dann wurde sie im offenen Jeep nach Hause gebracht. Ich fand das sehr beeindruckend – wer hatte sonst schon eine Mutter, die im Jeep fuhr! –, doch sie selbst zeigte sich immer weniger begeistert, je kälter es draußen wurde. Durchgefroren kam sie zu Hause an, von Aufwärmen konnte keine Rede sein, denn unser Haus war – wie die meisten – ungeheizt. Es gab keine Kohlen, jedenfalls keine bezahlbaren.

Mutters erster Versuch, eine kleine Geldquelle zu erschließen, hatte sich leider als ein Schlag ins Wasser erwiesen. Neuwestend gehörte zum britischen Sektor, und so war ihr die Idee gekommen, alle in den Regalen des Hauses verstreuten englischsprachigen Bücher zusammenzutragen. Sie fand etwa dreihundert – Kriminalgeschichten, Romane, Kinderbücher –, eine ansehnliche Ausbeute. So richtete sie eines der Zimmer im Parterre als bescheidene Leihbücherei ein und freute sich auf Kundschaft. Aber sie hatte Pech – zwei Wochen später als sie eröffnete die britische Militärverwaltung nicht weit von uns entfernt eine eigene Leihbücherei. Aber eine mit dreitausend Bänden! Ein Schildchen an unserer Hauswand mit der Aufschrift „The English Library" blieb noch längere Zeit erhalten und kündete von Mutters missglücktem Start als selbstständige Gewerbetreibende.

Auch meine Schwester hatte eine Arbeit gefunden: Jeden Nachmittag ging sie in den neu eingerichteten YMCA, den „Christlichen Verein Junger Männer", in die Reichsstraße und gab dort englischen Soldaten Klavierunterricht. Auch hier bildeten die „fringe benefits", also die Sonderleistungen, den interessanteren Anreiz als das Honorar. Natürlich waren die Räume geheizt, und zur „tea time" gab es wirklich Tee zu trinken und zwei Stück Kuchen. Diese Köstlichkeit teilte sie mit ihrer kleinen Schwester. Das eine Stück aß sie selbst, das andere brachte sie mir in einer kleinen Blechbüchse mit nach Hause. Im YMCA hatte man nichts dagegen. Ich versichere, dass mir kein Kuchen der Welt jemals wieder so herrlich geschmeckt hat!

Unser liebes Fräulein Hedda blieb bei uns und kümmerte sich um den Haushalt, um mich und unsere Katzen. Auch sie hätte natürlich leicht eine Arbeit in einer der Alliiertenfamilien finden können, aber das tat sie nicht. Sie hielt uns die Treue, fest entschlossen, die schlechten wie die guten Zeiten mit der Familie zu teilen.

Den Helmrichs erging es wie allen anderen Berlinern – man lebte sparsam, und man versuchte etwas mehr zu ergattern als die üblichen Rationen, um einigermaßen satt zu werden. Mit den „Schiebern“ vom Schwarzmarkt, die alles gegen jedes eintauschten und horrende Preise dafür verlangten, hatten wir nichts zu tun. Wohl aber erinnere ich mich an eine Frau, die wir „Taschentantchen“ getauft hatten, weil sie, beladen mit diversen Taschen, hin und wieder bei uns erschien. Mal war es Butter, mal waren es Eier, manchmal sogar „echter“ Kaffee – rare Kostbarkeiten, die die Mutter bei ihr erwarb oder gegen noch vorhandene Wertsachen eintauschte. Eine der lebensklugen Redensarten der Mutter lautete: „Ich will mich nicht nach der Decke strecken, darum muss ich zusehen, wie ich die Decke strecke!“

In meine Klasse ging damals ein Mädchen, das deutlich besser gekleidet war als wir anderen und das immer herrliche Pausenbrote verschlang. Ich fragte die Mutter, wie das komme und ob dieses Mädchen wohl ein „Schieberkind“ sei. „Nein“, wurde mir erklärt, „die Leute sind OdF, und zur Abwechslung geht es denen jetzt endlich auch einmal gut!“ „OdF“ stand für „Opfer des Faschismus“, und das bedeutete unter anderem Sonderrationen. „Und was ist mit uns?“, fragte ich die Mutter. „Wir? Na höre mal! Wir sind doch nicht verfolgt worden!“ Damit war die Sache klar. Aber ob ich dieser Sicht der Dinge von ganzem Herzen zugestimmt habe, kann ich nicht beschwören – meine verlockenden Fantasien aus den Nazijahren zerbröselten jedenfalls ziemlich rasch. Mit der Belohnung der Guten und der Bestrafung der Bösen funktionierte es in der Wirklichkeit wohl nicht so gut wie im Märchen.

Die Zeit des Nationalsozialismus galt in der Schule – ebenso wie in den Büros oder in den Familien – noch lange als Tabu. Weder im Unterricht noch unter den Schülerinnen wurde darüber gesprochen.

Die Lehrerin Hildegard Kranold, ca. 1953

Darum war es geradezu unerhört, als unsere Deutsch- und Geschichtslehrerin, die fabelhafte, unvergessliche Hildegard Kranold, begann, dieses Thema in den Lehrstoff einzubeziehen. Es muss im Jahr 1951 gewesen sein, als sie uns gewissermaßen reinen Wein über Wesen und Wirken des Dritten Reiches einschenkte. Sie las mit der Klasse die „Moabiter Sonette" des im April 1945 hingerichteten Albrecht Haushofer, von Helmuth James Graf von Moltke – ebenfalls hingerichtet – „Letzte Briefe aus dem Gefängnis Tegel", und sie machte uns vertraut mit dem Leben und den Gedanken von Dietrich Bonhoeffer und Helmut Gollwitzer.

Ich erinnere mich, dass ihr diese Eigenmächtigkeit wütende Proteste vieler Eltern einbrachte und dass sich auch Schülerinnen gegen die Konfrontation mit der Wahrheit zur Wehr setzten. Aber das focht unsere „Kranold" offenkundig nicht weiter an, denn sie fuhr unbeirrt

Cornelia Helmrich (l.) nach dem Abitur, 1954

fort, mit ihren Schülerinnen den hochsensiblen, weithin totgeschwiegenen Stoff zu behandeln. Die Tatsache, dass sie keinen „Maulkorb“ vom Schulleiter verpasst bekam, spricht für diesen.

Es sollte noch viele Jahre dauern, bevor die NS-Zeit in den Lehrplänen ihren Niederschlag fand. Erst Ende der sechziger Jahre mutete man den Schülerinnen und Schülern zu – oder wohl eher noch deren Eltern! –, die Trägheit der Erinnerung zu überwinden und das Tabu aufzuheben.

Zu Hause in der Westendallee fragte man sich in diesen Jahren, was wohl aus einzelnen ehemals Verfolgten geworden sein mochte und wo sie abgeblieben waren. Nicht alle nahmen nach dem Krieg den Kontakt zu der Mutter wieder auf, worüber sie sich in manchen Fällen enttäuscht zeigte. Aber es war doch wiederum kein Wunder – wer eine bedrückende Vergangenheit hinter sich lassen will, dreht sich nicht um, sondern versucht in die Zukunft zu blicken. Andere hingegen meldeten sich – sie schrieben Briefe oder schickten die heiß ersehnten und dankbar empfangenen Carepakete aus Amerika. Wir lernten Cornedbeef, Trockenei, Schinken in Rosinensoße und andere verwunderliche und unbekannte Dinge kennen, die eingeschweißt und in Konservendosen bei uns eintrafen. Diese Pakete wurden nicht ins Haus geliefert, sondern die Empfänger erhielten per Postkarte die Nachricht, dass eine Sendung zur Abholung bereit liege. Herr im Himmel, war das jedes Mal eine Freude, wenn eine solche Karte durch den Türschlitz fiel!

Indessen verbrachte man auch im Hause Helmrich nicht allzu viel Zeit mit dem Blick zurück. Umso aufmerksamer beobachtete die Mutter die Menschen um sie herum. Sie teilte ihre Landsleute noch lange rigoros in „Nazis“ und „Nichtnazis“ ein und konstatierte nicht ohne Bitterkeit, wer da alles wieder aus den Löchern gekrochen kam und unangefochten Karriere machte. Sie behielt ihre strengen Maßstäbe bei, mit wem man gut Freund sein konnte und bei wem man besser Distanz wahrte. „Richtig“ war jemand, dem man die eigenen Kinder in Zeiten von Not und Verfolgung bedenkenlos anvertrauen konnte. Zeitweilig verstieg sie sich zu der Behauptung, einen Nazi an seiner Nackenpartie erkennen zu können …

38

Die Monate vergingen, und der Vater kam und kam nicht zurück. Nicht einmal auf Besuch. Natürlich war das Reisen damals nicht einfach – trotzdem hätte er doch längst einmal auftauchen müssen! Ich nehme an, dass wir uns Briefe geschrieben haben, aber ich erinnere mich nicht mehr, was darin gestanden hat. Wahrscheinlich war es eine recht langweilige Korrespondenz, weil weder er noch ich es geschafft haben, etwas von dem mitzuteilen, was uns bewegte.

Eberhard hatte in Hamburg zunächst eine kleine Stelle im Ernährungsamt gefunden. Im Jahr 1947 wechselte er dann nach Frankfurt am Main, wo er für eine Behörde arbeitete, der die Bewirtschaftung der drei Westzonen oblag. Im Laufe dieser Zeit muss bei ihm nach und nach der Entschluss gereift sein, nicht länger in Deutschland leben zu wollen.

Er hatte an einen neuen Anfang geglaubt und darauf vertraut, dass die Gespenster der jüngsten Vergangenheit verjagt seien. Er hatte sich getäuscht – die vielen Übriggebliebenen saßen in den Startlöchern und walteten bereits wieder überall in den Ämtern und in der Industrie. Eifrig wurde alles zugedeckt, wovon sie nichts wissen wollten. Er entschied sich dafür, seine Heimat zu verlassen, und begann seine Auswanderung zu betreiben.

Ich ahnte nichts von seinen Plänen!

Im Blockadeherbst 1948 reiste er ein letztes Mal nach Berlin. Meine älteste Schwester genoss für einige Monate die Gastfreundschaft alter Freunde der Eltern in Südengland, und die Mutter war zu einem kurzen Besuch dorthin aufgebrochen, wo sie sich noch aufhielt, als der Vater ankam. Sie hatte rechtzeitig zurückfliegen wollen, um ihn noch zu treffen. Aber sie saß fest in London, so wie er festsaß in Berlin. Es herrschte dichter Nebel, der sich tagelang nicht auflöste. Ganz Berlin bewegte die Frage, ob man heute endlich fliegen könne oder immer noch nicht. Auf ein anderes Verkehrsmittel umzusteigen war in diesen Monaten nicht möglich, denn während der Berliner Blockade boten die Luftwege die einzige Verbindung. Die Stadt war abhängig vom Flugverkehr.

Inzwischen ahnte ich, dass irgendetwas zwischen meinen Eltern nicht stimmte. Aber da über sehr private Dinge nicht gesprochen wurde, jedenfalls nicht mit „dem Kind“, fühlte ich mich ziemlich allein mit meinen Befürchtungen. Neben der Freude, den Vater endlich wiederzusehen, wuchs die Angst, die Eltern könnten sich verfehlen, jeden Tag ein bisschen mehr. Offenbar hatte ich die Illusion gehegt, alles könnte wieder gut werden, wenn sich die Eltern nur begegneten und miteinander redeten. Vielleicht, so dachte ich mir, müssten wir dann nach Frankfurt

Eberhard Helmrich, November 1948
Foto Hofmann, Frankfurt am Main

umziehen, aber dazu war ich gern bereit. Immerhin wären wir dann wieder alle zusammen gewesen.

Ich empfand den Vater, wenn er sich auch freundlich und liebevoll wie früher verhielt, als „nicht ganz da". Er hatte in der Stadt zu tun, wie er mir sagte, aber das erklärte seine Abwesenheit nicht. Hedda war Teil des Schweigekartells um mich herum, und ich wagte es nicht, Fragen zu stellen, aus Furcht, alles zu zerstören, was noch erhalten geblieben sein mochte.

Meinen Vater drängte allmählich die Zeit, ich spürte, wie ungeduldig er wurde, auch wenn er es nicht zeigte. Er musste an seinen Arbeitsplatz zurückkehren. Eines Morgens wachte ich auf und sah aus dem Fenster: Der Nebel war wie weggeblasen, und die Sonne strahlte von einem makellosen Oktoberhimmel. Es war an diesem Tag wie in einem bösen Traum: Der Vater flog noch am selben Vormittag ab, und am Abend landete die Mutter in Berlin-Tempelhof. Ich heulte hemmungslos.

Erst als der Vater fort war, wurde mir klar, dass etwas geschehen musste. So schmerzlich es sein mochte – ich musste die Wahrheit erfahren, einerlei wie sie aussah. Zum ersten Mal war ich entschlossen, mich nicht mehr mit irgendwelchen fadenscheinigen Erklärungen abspeisen zu lassen. Ich bestand auf einer plausiblen Antwort. Was hatte der Vater in Berlin zu erledigen gehabt? Was war der wirkliche Grund, der ihn veranlasst hatte zu kommen? Wenn ihn tatsächlich nur seine Arbeit fern hielt, warum zogen wir dann nicht zu ihm? Endlich rückte die Mutter mit der Wahrheit heraus. Sie eröffnete mir, dass sie sich scheiden ließen. Der Vater würde nicht mehr mit uns leben, weder in Berlin noch in Frankfurt.

Von seinen Auswanderungsplänen erfuhr ich auch jetzt noch nichts.

Der Nebel über Berlin hatte verhindert, dass sich die Eltern voneinander verabschieden konnten, bevor der Vater Europa verließ. Das persönliche Drama dieser beiden, die früher glücklich miteinander gewesen waren, die in den schrecklichen Jahren so unverbrüchlich zusammengehalten und allem Druck gemeinsam widerstanden hatten, erwuchs nicht zuletzt aus ihrer erzwungenen Trennung. Beide hatten einen vertrauten Menschen in ihrer Nähe gebraucht und sich auf andere Partnerschaften eingelassen, und beide mussten nun feststellen, dass sie ihre Ehe nicht dort wieder aufnehmen konnten, wo sie ihnen vor einigen Jahren, im Krieg, entglitten war.

Gespräche mit der Mutter und spätere Briefe meines Vaters, die ich erst nach ihrem Tode fand, lassen den Schluss zu, dass beide die Trennung voneinander nie ganz verwunden haben.

Wenige Monate nach seinem Besuch in Berlin lud der Vater mich nach Hamburg ein. Wir verlebten dort drei herrliche Tage, in denen er mir die Stadt seiner Kindheit und Jugend zeigte; wir machten die traditionelle Hafenrundfahrt, wir gingen ins Theater und ins Kino. Es gab „Die Kinder des Olymp“, ich weiß es noch genau. Ich fühlte mich ungewohnt erwachsen und „für voll“ genommen. Die Rückkehr in den Schulalltag fand ich fade nach diesem aufregenden Ausflug in die große Welt.

Meiner armen Mutter machte ich Vorwürfe, dass mein Berliner Alltagsleben so ganz und gar nicht den herrlichen Tagen ähnelte, die ich mit dem Vater in Hamburg verbracht hatte. Ich handelte mir strenge Zurechtweisungen von allen ein, die im Hause waren: von meiner Schwester, von Hedda und besonders hart von Großmutter Zazi, die zu Besuch aus Zürich gekommen war. Sie verteidigte die Mutter – zu Recht –, und sie sprach schlecht über den Vater. Ich zog mich wieder in mich zurück.

Aber trotz aller Predigten – von der Auswanderung erfuhr ich immer noch kein Wort!

Der Schock, den mir wenige Monate später ein Brief meines Vaters versetzte, war umso härter. Er schrieb darin, dass er Sylvia – vormals Tosia – geheiratet habe, jene junge Frau aus Drohobycz, die ich in Müggenburg kennengelernt hatte, und dass er mit ihr nach Amerika, „in dieses große, wirklich freie Land" auswandern würde. Ich glaube, er war bereits auf dem Schiff nach New York, als sein Brief bei mir eintraf.

Im Laufe der Jahre erhielt ich nicht einen einzigen Brief, in dem der Vater kein Loblied auf die amerikanische Freiheit anstimmte. Das interessierte mich herzlich wenig, ich hätte viel lieber gelesen, dass er seine Tochter, dass er die Geschwister, dass er das Leben mit uns vermisse. Wenn die Mutter fragte: „Was schreibt er denn?", verdrehte ich die Augen und sagte: „Na, du weißt schon – wieder mal von der herrlichen Freiheit!" Helmrich ging zunächst als Verwalter auf eine Farm nach Virginia, hielt dort aber weder das Klima noch die schwere Arbeit aus. Daraufhin zog er nach New York, wo er und Sylvia sich mehr schlecht als recht durchbrachten. Alte Freunde, die ihn von früher kannten, sprachen in dieser Zeit, in den fünfziger Jahren, untereinander ganz ungeschminkt davon, dass es ihm nicht gut gehe, und Irene Feit stellte mir gegenüber später lapidar fest, er sei sehr arm gewesen. Ich glaube, dass all seine Kraft, die er einmal besessen hatte, einfach aufgebraucht war. Er ist nie wieder richtig auf die Beine gekommen. Sein alter Freund und Mitstreiter Backenroth/Bronicki sagte in dem schon erwähnten Interview: „Wäre er in Deutschland geblieben, anstatt in die

USA zu gehen und dort ein bescheidenes Leben zu leben – anstatt für die Naziverbrechen zu büßen, die er ja nicht begangen hat –, er hätte nach meiner festen Überzeugung längst eine hohe Funktion in der Adenauer-Regierung inne."

Ich bezweifle, dass dies eine Alternative für ihn hätte sein können. Er hat Deutschland nicht mehr ausgehalten, denn es hatte ihn zerbrochen.

Donata und Eberhard waren zwei Menschen von sehr unterschiedlichem Gemüt und Temperament. Ich glaube aber, dass die in ihrer Dimension so verschiedenartigen Dinge, die sie während des Krieges erlebt, durchgemacht und gesehen hatten – mit angesehen hatten! –, auch einen großen Einfluss auf ihr weiteres Leben gehabt haben.

Der Weg von Donata nahm jedenfalls eine sehr viel positivere Wendung als der ihres früheren Ehemanns. Ohne Frage hat auch ihr enormer Lebensmut, der sie nur selten im Stich ließ, ihr Leben bestimmt. Nach Jahren des mühsamen Kampfes um die Versorgung ihrer Familie und einen halbwegs ausreichenden Verdienst gelang es ihr durch einen glücklichen Zufall – und ihr Talent! –, Konferenzdolmetscherin zu werden und die Welt zu bereisen. Sie arbeitete auch für die Bonner Regierung, was die im Grunde beneidenswerte Folge hatte, dass ihr Mitte der fünfziger Jahre vom Sprachendienst des Auswärtigen Amtes eine feste Stelle angeboten wurde. Was wie das große Los erscheinen musste, zumal für eine Mittfünfzigerin ohne Altersversorgung, schlug sie ohne langes Zögern aus. „Zu viele alte Nazis!", beschied sie bündig und zählte einige auf. Nein, der Preis war zu hoch! Denen wollte sie nicht mehr begegnen müssen!

Geschadet hat ihr diese leichtsinnig-selbstbewusste Entscheidung nicht, denn mehr als zwanzig weitere Jahre hat sie ihre Tätigkeit als Freiberuflerin mit viel Erfolg ausgeübt. Sie liebte ihren Beruf, wie man einen Beruf nur lieben kann, und sie hat ihre späte Karriere und die ganz wörtlich zu nehmenden „neuen Horizonte" immer als großes Glück betrachtet. Und das ist es wohl auch gewesen.

39

Zu dem im Nachkriegsdeutschland vorherrschenden Desinteresse, sich mit der unmittelbaren Vergangenheit auseinanderzusetzen, gesellte sich mit gleicher, wenn nicht größerer Entschiedenheit die Gleichgültigkeit gegenüber jenen Bürgerinnen und Bürgern, die das „andere Deutschland" repräsentierten. Obwohl ja gerade ihre Geradlinigkeit und der menschliche Anstand, den sie bewiesen hatten, sie dafür prädestinierten, eine zivilisierte, demokratische Gesellschaft aufbauen zu helfen.

Darum war es keineswegs selbstverständlich, sondern viel eher überraschend, als der Berliner Innensenator Joachim Lipschitz im Jahr 1958 eine Initiative ins Leben rief, um Berlinerinnen und Berliner zu ehren, die während des NS-Regimes Verfolgten Hilfe geleistet hatten. Der Hintergrund zu dieser Initiative ist nicht uninteressant: Zum einen war Lipschitz nach NS-Kategorien selbst „Halbjude" und gehörte damit nicht zum Kreis der Verschweiger und Verdränger. Zum anderen hatte kurz zuvor der Vorsitzende der Berliner Jüdischen Gemeinde, Heinz Galinski, den „Heinrich-Stahl-Preis" mit der gleichen Zielsetzung ins Leben gerufen. (Der Namensgeber war der letzte Vorsitzende der Berliner Jüdischen Gemeinde gewesen. Er wurde im Alter von vierundsiebzig Jahren im Juni 1942 nach Theresienstadt deportiert, wo er fünf Monate später angeblich an einer Lungenentzündung gestorben ist.) Galinski zeichnete im selben Jahr, 1958, neunzehn Berliner Bürger aus. Vierunddreißig Jahre nach diesem Ereignis, im April 1992, konnten meine Geschwister und ich diesen Preis posthum für unsere Eltern im April 1992 aus der Hand von Heinz Galinski entgegennehmen. Es war die letzte Ehrung, die er vornahm, und die einzige, die Donata und Eberhard gemeinsam zugedacht wurde.

Bleiben wir noch im Jahr 1958. Auf Betreiben des Innensenators machte man sich zügig an die Arbeit. Bei der Berliner Entschädigungsbehörde wurde in der Folgezeit ein umfangreicher Aktenbestand planvoll zusammengetragen. Nicht weniger als anderthalbtausend Anträge sind dort bearbeitet worden, siebenhundertfünfzig Berliner – natürlich nur aus dem Westteil der Stadt – zeichnete der Senat in den folgenden Jahren mit einem Preis aus. Die Voraussetzung war, dass die Hilfe mehrfach und uneigennützig erfolgt war – also ohne finanzielle Gegenleistung – und dass für die Retter Lebensgefahr bestanden hatte. Bei Bedürftigkeit gab es zusätzlich einen kleinen Geldbetrag. Eine Einschränkung, die sich nur aus der Prüderie jener Zeit erklären lässt: Prostituierte und Kleinkriminelle, die sich als Retterinnen und Retter betätigt hatten – übrigens gar nicht so wenige –, wurden einer Auszeichnung für unwürdig befunden und als „ehrenrührig“ abgelehnt.

Die Berliner Namensliste sollte die einzige ihrer Art bleiben. Zwar hatte sich der Senator sehr darum bemüht, dass auch andere Bundesländer dem Berliner Beispiel folgten, fand aber keine Resonanz. Nachdem Joachim Lipschitz 1961 verstorben war, führte sein Nachfolger die Ehrungen noch ein paar Jahre fort, dann wurden sie für beendet erklärt.

Am 17. Juli 1962 machte ein Rechtsanwalt, Dr. Walter Schwarz aus Berlin, eine Eingabe an den Senat, in der er auf „die Verdienste der Eheleute Helmrich während der NS-Zeit“ hinwies. In dem Antwortschreiben wurde ihm mitgeteilt, dass Eberhard Helmrich leider ausgeschlossen werden müsse, da er „wegen seines Wohnsitzes in New York nicht in Betracht“ komme. Es würde aber geprüft, „ob Donata Helmrich in die Ehrungsaktion mit einbezogen“ werden könne. Das ist dann auch sehr rasch geschehen, denn schon am 2. August wurde sie durch ein amtliches Schreiben aufgefordert, am Freitag, dem 10. August 1962, um elf Uhr – „Personalausweis bitte mitbringen“ – zur persönlichen Rücksprache die Urkundenstelle, Zimmer 331, aufzusuchen.

Ich konnte ihre Akte einsehen, und dort begegnen mir viele Namen, die mir aus meiner Kindheit oder aus Erzählungen der Mutter vertraut sind. Wie lange ist das alles her! Ich lese anrührende Briefe von Überlebenden, die noch einmal Donatas Mut und Hilfsbereitschaft lebendig werden lassen.

Donata Helmrich, um 1965

Ich finde unter den Papieren auch die Kopie einer Urkunde, die ihr im Rahmen einer Gedenkstunde anlässlich des zweiundzwanzigsten Jahrestages des Aufstands im Warschauer Getto 1943 im Gemeindehaus der Jüdischen Gemeinde in Berlin-Charlottenburg überreicht wurde. Der Text lautet:

DER SENAT VON BERLIN spricht

Frau Donata Helmrich

Dank und Anerkennung aus, dass sie während der nationalsozialistischen Gewaltherrschaft ohne Rücksicht auf die eigene Sicherheit bedrängten Verfolgten Schutz und Hilfe gewährt hat.

Berlin, den 20. April 1965

Unterzeichnet ist die Urkunde vom Regierenden Bürgermeister Willy Brandt und von Innensenator Theuner.

Das Original dieser Urkunde ist leider nicht mehr aufzufinden, es ist offenbar irgendwann „verschütt" gegangen. Besonders gewundert habe ich mich darüber nicht, denn obschon die Mutter sich über die Anerkennung sicherlich gefreut hat, so wird sie diese denn doch nicht sehr wichtig genommen haben. Das sähe ihr ähnlich!

Joachim Lipschitz hatte seiner Initiative einen Titel gegeben – „Unbesungene Helden". Zweifellos war er dazu durch ein Buch angeregt worden, das der aus Deutschland in die USA emigrierte Autor Kurt R. Grossmann 1956 in New York veröffentlicht hatte. Ein Jahr später war es auch auf Deutsch erschienen: „Die unbesungenen Helden. Menschen in Deutschlands dunklen Tagen".

Dieser Kurt Grossmann hatte auch meinen Vater „entdeckt" und in sein Buch aufgenommen. Er war „durch einen Zufall" auf ihn aufmerksam geworden, wie er schreibt, „denn er scheute das Rampenlicht". Ohne Frage hat Grossmann das seine dazu beigetragen, dass die Bundesregierung und der Bundespräsident Ende der sechziger Jahre damit begannen, eine vergleichsweise kleine Zahl von Rettern mit dem Bundesverdienstkreuz auszuzeichnen. (Bis heute sind es nicht mehr als etwa zweihundertfünfzig.)

Eine der ersten fünf Ehrungen, die in der Bonner Beethovenhalle am Buß- und Bettag des Jahres 1967 vorgenommen wurden, galt Eberhard Helmrich. Allerdings hatte er nicht aus New York anreisen und an der Feierstunde teilnehmen können.

Die Festveranstaltung war gut besucht, aus ganz Deutschland hatten sich Gruppen von ehemaligen Widerständlern eingefunden, aber das, was ein Auftakt mit Nachhall hatte werden sollen, war schon bald wieder vergessen. Bundesminister Carlo Schmid und der israelische Botschafter Asher Ben-Natan hielten hochgestimmte Reden, und Kurt Grossmann rezitierte bei diesem Festakt ein für den heutigen Geschmack etwas schwülstiges Gedicht von Alfred Kerr, das den Rettern gewidmet ist:

„Die Welt erfährt kaum, wie sie heißen.
Sie schweben dahin, dunkel und licht,
Man will den Hut vom Kopfe reißen,
Sie tausendmal grüßen – sie sehen es nicht.
Sie schreiten und gleiten; Stürme tosen,
Manchen packt es, er lebt nicht mehr;
Doch lebt der Bund der Namenlosen,
Das unsichtbare Helferheer.
Die Folter droht, die Qual ist bitter –
Der Kampf geht weiter unbeirrt.
Sie sind die Heiligen und die Ritter
Des Menschenreichs, das kommen wird.“

Die Gedenkstätte Yad Vashem hatte zu diesem Anlass ein Telegramm nach Bonn gesandt, in dem es heißt: „Wir wünschen aus vollem Herzen, dass diese Gerechten der Völker zu Helden des deutschen Volkes werden.“

Daraus ist nichts geworden. Aber zu Helden oder gar zu Heiligen wollten sie selbst ja gar nicht gemacht werden! Doch eine Art Leitlinie für die nachwachsende Generation zu ziehen wäre sicher in ihrem Sinne gewesen.

40

Als Eberhard Helmrich das Bundesverdienstkreuz verliehen wurde, lebte er schon seit fast achtzehn Jahren in den USA. Er und seine Frau hatten Kontakt zu einigen Menschen, die sie aus Deutschland oder auch aus Polen kannten und die ich zum Teil schon erwähnt habe. Es waren die Freunde Irene und Michael Feit, die zufällig eine Radiosendung gehört hatten, in der auf die israelische Gedenkstätte hingewiesen wurde.

Irene Chalpin, Harvey Samo, Eberhard Helmrich, Eva Samo bei der Überreichung des Flugtickets in „Lou Siegel's Restaurant", New York, 1966
SICKLES Photo-Reporting, Maplewood, New Jersey

Die Radiostation wollte deren Aktivitäten unterstützen und forderte die Hörer auf, Namen von Rettern zu nennen, sofern sie welche kannten. Irene und Michael beflügelte diese Idee, und sie begannen Briefe zu schreiben und um die halbe Welt zu telefonieren. Sie suchten andere von Helmrich gerettete Menschen, man tat sich zusammen und wandte sich mit einem Antrag auf seine Anerkennung als „Gerechter unter den Völkern" an Yad Vashem.

1965 wurde Eberhard diese Ehre zugesprochen, und im Juli 1966 erhielt er die Auszeichnung – die Medaille und eine Urkunde – aus der Hand des israelischen Generalkonsuls in New York. Er erwarb damit auch das Recht, einen Baum in der Allee der Gerechten zu pflanzen.

Ich habe mir die Unterlagen in Jerusalem angesehen – dort sind viele Briefe archiviert, teils in englischer, teils in französischer oder polnischer Sprache oder auch in Hebräisch. Ich finde eine lange Namensliste in Hebräisch und einen dicken Packen Postkarten mit israelischem

Poststempel. Natürlich kann ich sie nicht lesen, aber eine Mitarbeiterin der Gedenkstätte erklärt mir, dies seien alles Anmeldungen für die Ehrungszeremonie meines Vaters. Sie hatten ihn also nicht vergessen.

An einen Flug nach Israel hatte Eberhard allerdings zunächst gar nicht denken können, denn das lag jenseits seiner finanziellen Möglichkeiten. Wiederum waren es Irene und Michael Feit, die nun auf einen Ausweg sannen; sie starteten eine Sammelaktion. Als sie genügend Geld zusammengebracht hatten, kauften sie zwei Flugtickets und überreichten sie Eberhard und seiner Frau im Rahmen einer kleinen Feier. Man traf sich in der 38. Straße in Manhattan in „Lou Siegel's Restaurant", wo sich zu Eberhards Überraschung nicht weniger als dreißig Personen versammelt hatten, die ihm ihr Leben verdankten.

Ich versuche mir vorzustellen, wie meinem Vater zumute gewesen sein mag. Das Rampenlicht war, wie Kurt Grossmann richtig bemerkt hatte, seine Sache nicht – und schon gar nicht das Wortemachen. Der arme Vater! – denn jetzt blieb ihm nichts anderes übrig, er musste reden und Ansprachen halten. Bei der Übergabe der Flugtickets, bei einem Treffen, das die Jewish Agency zu seinen Ehren veranstaltete, vor der Presse.

Wie schwer ihm das gefallen ist, zeigt sich deutlich an einem Redemanuskript (in englischer Sprache). Zwar wurde es mit der Schreibmaschine geschrieben, aber es ist derart übersät mit Eberhards handschriftlichen Einfügungen und Korrekturen, dass ich es kaum noch entziffern kann. Er erzählt darin von seiner Familie, von Deutschland, wie es vor Hitler einmal gewesen war, und von dem dramatischen Abgleiten seines Landes in die Barbarei. Er spricht weniger von sich als von seinen Vertrauten. Über seinen Fahrer Wojnek lese ich den Satz: „Sehen Sie, dieser Mann hat mehr getan als ich. Ich als Deutscher hatte ja ein schlechtes Gewissen, er aber befand sich als Pole in einer ganz anderen Situation." Am Schluss dieses Manuskripts greift er eine Frage auf, die er sich wohl selbst oft gestellt hat, die aber auch von anderen immer wieder aufgeworfen worden ist: Wie hat er diese Zeit durchstehen können? – „Wenn ich zurückschaue", so lese ich, „dann kann ich

Eberhard Helmrich in Israel, März 1968

nur sagen, dass für die Aufgabe, die ich mir gestellt hatte, ein hohes Maß an Nonkonformismus unerlässlich war. Es ist verhältnismäßig leicht, sich gegen einen eingedrungenen Feind aufzulehnen, weil man die Sympathien der eigenen Leute auf seiner Seite hat. Aber sich fast dreizehn Jahre lang den allgemeinen Denkgewohnheiten, Einstellungen und Überzeugungen des eigenen Volkes entgegenzustellen, das ist etwas ganz anderes. – Totale Einsamkeit ist der Preis, den man dafür zahlen muss. Und manchmal glaube ich, ich zahle immer noch."

Im Mai 1967 machten sich Sylvia und Eberhard auf den Weg, um seinen Baum zu pflanzen. Sie wollten zunächst in Europa Station machen

Eberhard Helmrich in Israel, März 1968

und anschließend nach Israel weiterreisen. Überraschend mussten sie ihre Route ändern, denn der Sechstagekrieg war ausgebrochen. Die Reise ins Gelobte Land wurde auf das folgende Jahr verschoben. Stattdessen besuchten sie – länger als ursprünglich geplant – verschiedene Städte Europas und Deutschlands.

Für Eberhard gab es auch ein Wiedersehen mit Berlin, mit Donata und mit mir. Sylvia war derweil bei Bekannten in Frankfurt geblieben. Nach all den Jahren einen Gesprächsfaden aufzunehmen, erwies sich als ein fast aussichtsloses Vorhaben. Wo hätte man anfangen sollen? Ich war froh, meinen Vater bei dieser Gelegenheit wenigstens mit meinen beiden Kindern, seinen sechs- und achtjährigen Enkeln, bekannt machen zu können. Es war ein trauriges Wiedersehen, und meine Mutter, die niemals weinte, hatte Tränen in den Augen, und aus ihrer Stimme klang Wehmut.

Im April 1968 flog Eberhard allein nach Israel. Die „Welt am Sonntag" schrieb: „Am Flughafen von Tel Aviv empfingen Helmrich Hunderte von Menschen, die ihn umarmten, sich bedankten." Eberhard war überwältigt von der herzlichen Begrüßung, er hatte nicht geglaubt, dass so viele kommen würden.

Als Abschiedsgeschenk überreichten sie ihm ein Büchlein, das sie für ihn angefertigt hatten. Sie hatten Fotos hineingeklebt, auch die neuesten von der Baumpflanzung, und ihre eigenen Geschichten wie auch die seiner Hilfsaktionen in dem Bändchen niedergeschrieben. Auf der ersten Seite ist ein Porträtfoto meines Vaters, darunter steht in Schönschrift ein rührendes Gedicht in deutscher Sprache:

ER

Wir bilden eine geschlossene Schar
Von traurigen, düsteren, trüben Gestalten,
Die kraftlos und – leider – jeder Freude bar
Sich krampfhaft der Erde erhalten.
Atemlos harren wir:
Unbekannt – das Ziel.
Durchhalten – der Sinn
Erleben – das Wort,
Allem zum Trotz – erleben.
Da stand er vor uns – schlank und hell,
Wir lauschten. Er hieß uns nicht verzagen.
Er lächelte – und war doch sehr traurig:
Er schwieg. Wir auch. Weshalb? wir wussten es nicht.
Doch wie sollten wir es ihm sagen?
„Wir danken dir, dass du Mensch bist?“

Kaum zurück in New York, schreibt Eberhard an Donata: „Ich habe mehr Drohobyczer angetroffen, als ich erwartet hatte, habe meinen kleinen Baum gepflanzt, bin im Land herumgereist und habe in zwei Wochen viel gesehen. Wahrscheinlich nicht das eigentliche Israel, da während meines Dortseins alles grün war und blühte. Alle Berge waren grün oder bunt voll kleiner Blumen. Die Rosen und der Hibiskus blühten, die Luft war sonnig, aber gemäßigt warm. Vier Wochen später fängt es an, braun zu werden, und das bleibt dann bis in den Oktober hinein. – Es ist ein

Eberhard Helmrich, Weihnachten 1968

sehr interessantes Land. Teils sehr schön – aber weißt Du, Donaxchen, Ölbäume und Citrus geben keine liebliche Landschaft ab, wie wir es uns doch nur mit Laubbäumen vorstellen können.“ Ob er Heimweh hatte?

In einem anderen Brief an sie denkt er an Keitum zurück, wo Donata inzwischen ihre „Enkelzentrale“ hatte, und gratuliert ihr dazu. Er wünsche sich, es noch einmal sehen zu können. Es bleibt ein Wunsch. Im März 1969 schreibt er ihr: „USA hängt mir etwas zum Halse heraus“, das Einzige, was ihn halte, sei die Tatsache, „dass wir nach langen Jahren endlich genug verdienen, um sparen zu können, was für die Zukunft auch bitter nötig ist. Solange ich diesen Job habe und arbeiten kann, muss ich es tun.“ Er war inzwischen neunundsechzig Jahre alt.

Es war sein letzter Brief. Zwei Monate später, am 5. Mai, ist er einem zu spät entdeckten Krebsleiden erlegen.

Wenige Tage nach seinem Tod fand eine bewegende Gedenkfeier für ihn statt, von der ich erst Jahre später erfuhr. Kurt Grossmann schrieb darüber in der „Jüdischen Allgemeinen“: „... aber sicherlich war die größte Ehrung diejenige, die er nicht mehr miterleben konnte: jene tiefinnerliche Ehrung durch vierhundert Amerikaner – Schwarze und Weiße, Professoren, Kaufleute und Arbeiter – an einem warmen Sonntagnachmittag in New York, und die Tränen, die sie um diesen außergewöhnlichen Mann vergossen haben." Wie gern wäre ich dabei gewesen.

Noch ein weiteres Mal tauchte der Name Eberhard Helmrich in der Öffentlichkeit auf. Der Zusammenhang ist einigermaßen ungewöhnlich, die Meldungen und Berichte erreichten sogar die deutschen Zeitungen.

Im Frühjahr 1985 besuchte der amerikanische Präsident Ronald Reagan die Bundesrepublik, und der Terminplan sah unter anderem einen gemeinsamen Besuch mit Bundeskanzler Helmut Kohl auf dem Militärfriedhof in Bitburg vor. Um dieses Vorhaben hatte sich eine heftige Kontroverse entzündet, weil dort auch Mitglieder der Waffen-SS begraben waren. Zur gleichen Zeit fand in Jerusalem ein Treffen von fünfundzwanzig Bürgermeistern aus verschiedenen Ländern, darunter auch fünf deutschen, statt. Zu ihrem Programm gehörte eine Fahrt nach Yad Vashem, und es entstand der Plan, bei dieser Gelegenheit ein Zeichen gegen den umstrittenen Bitburg-Ausflug zu setzen. So versammelten sich die Bürgermeister an Helmrichs Baum, einer hielt eine Rede, und jeder von ihnen legte dort eine weiße Rose nieder.

41

Ob nun die Zeitungsberichte über die weißen Rosen den Anstoß gaben oder ob es sich um einen bereits seit längerem bestehenden Plan handelte – das Ehepaar Samo aus New Jersey war zu der Überzeugung gekommen, Donata habe ihren eigenen Baum in Jerusalem verdient. Die Vorstellung, dass sie sozusagen gar nicht vorkam, weil es eine andere Nachkriegs-Frau-Helmrich gab, widersprach ihrem Sinn für Gerechtigkeit.

Donata Helmrich, August 1983

Sie legten sich kräftig ins Zeug und machten sich auf die Suche nach Menschen, die Donata kannten, ihr das Leben verdankten und bereit waren, einen Antrag an die israelische Gedenkstätte mit ihrem Namen und der Schilderung ihrer eigenen Rettung zu unterstützen. Sie wandten sich vor allem an Frauen, die in der Westendallee Zuflucht gefunden hatten. Das Echo war positiv. In einem notariell beglaubigten Brief schrieb Harvey Samo nach Jerusalem: „In all diesen Jahren habe ich eine Reihe von Menschen getroffen, die ihr Leben dieser Frau verdanken. Als ich Donata Helmrich kürzlich am Telefon über unsere Initiative informierte und ihr erklärte, dass wir sie für die ‚Medaille der Gerechten' vorgeschlagen hätten, erwiderte sie: ‚Ich habe nur das getan, was ich für richtig hielt.' – Herr Eberhard Helmrich ist geehrt worden, und Frau

Donata Helmrich, die viele seiner Aktivitäten, vor allem aber immer das volle Risiko mitgetragen hat, verdient die gleiche Anerkennung."

Eva und Harvey Samo hatten damals auch Donata gebeten, ihnen Namen zu nennen. Sie war zu der Zeit nicht mehr gesund, aber mit unsicherer Handschrift hat sie doch noch einige Namen und Adressen auf ein Blatt Papier geschrieben. Darunter hat sie mit einem anderen Stift, vielleicht an einem anderen Tag, so, als hätte sie noch einmal nachgedacht, einen einzigen Satz geschrieben: „Eigentlich hat Eberhard alles gemacht." In einem Brief Eberhards an Donata findet sich so etwas wie eine Entsprechung: „Ich weiß, dass Du zweifellos einen weit größeren Einfluss auf die Erziehung der Kinder gehabt hast als ich, aber unter den wenigen gelungenen Dingen meines Lebens habe ich es immer als eines der besten betrachtet, in einer Zeit einer überwältigenden Diktatur dazu beizutragen, dass vier Kinder in einer menschlichen und freiheitlichen Atmosphäre aufwachsen konnten."

Ich bin oft gefragt worden, wie viele Menschen dank der Hilfe der Eltern überlebt haben. Es mag überraschen, aber ich kann es nicht sagen. Weil es niemand zu sagen weiß und weil „Rettung" sich nicht so eindeutig definieren lässt. Es gibt Quellen, die sprechen von siebzig, andere von „etwa hundert Personen", wieder andere von zweihundertfünfzig, und mehrfach wird die Zahl dreihundert genannt. Es scheint müßig, das ermitteln und aufklären zu wollen. Es gilt die Weisheit des Talmud, die Weisheit der Inschrift auf der Medaille, die Yad Vashem den Rettern übergibt: Wer ein Leben rettet, rettet die ganze Welt.

Im August 1986 erreicht ein Schreiben aus Jerusalem die Eheleute Samo. Darin wird ihnen mitgeteilt, dass die für Ehrungen zuständige Kommission einer Auszeichnung von Donata Helmrich zugestimmt habe. Damit sei das Recht verbunden, dass sie selbst oder ein Angehöriger einen Baum in der Allee der Gerechten pflanze. Man werde in Kürze auch die israelische Botschaft in Bonn verständigen.

Unsere Mutter war vier Monate vor dieser Nachricht gestorben. Meine Geschwister waren damit einverstanden, dass ich für uns alle nach Israel fahren sollte. So flogen mein jüngster Sohn Tilo und ich acht

Monate später, im April 1987, nach Tel Aviv. Und weiter mit dem Auto zu den Hügeln von Judäa, in die Heilige Stadt.

Auf dieser Reise wurden wir eingewoben in ein zutiefst bewegendes, sehr kostbares Stück unserer Familiengeschichte. Es erscheint mir seither als ein sehr tröstlicher Gedanke, dass die Erinnerung an Donata und Eberhard doch noch einen gemeinsamen Ort erhalten hat.

Wenn ich in Israel bin, besuche ich die beiden Bäume. Ich breche kleine Zweige ab und bringe sie meinen Geschwistern und meinen Kindern mit nach Deutschland. Die mit den kräftigen, rundlich-ovalen, dunkelgrünen Blättern vom großen Johannisbrotbaum des Vaters und die mit den zarten, länglichen, silbriggrünen Blättern vom kleineren Ölbaum unserer Mutter.

Dr. Mordecai Paldiel, Direktor der Abteilung der „Gerechten unter den Völkern" von Yad Vashem, übergibt den kleinen Ölbaum für Donata Helmrich an die Tochter, April 1987

Donata Helmrichs Ölbaum in Yad Yashem, Mai 2001

Cornelia Schmalz-Jacobsen beim Pflanzen des Ölbaumes für ihre Mutter, April 1987

Eberhard Helmrichs Johannisbrotbaum in Yad Yashem, Mai 2001

בזכירה
סוד הגאולה
(הבעש"ט)
DANS LE SOUVENIR
RÉSIDE LE SECRET
DE LA RÉDEMPTION

YAD VASHEM
Har Hazikaron
Jérusalem

יד ושם
הר הזיכרון
ירושלים

תעודה
ATTESTATION

EBERHARD HELMRICH

ששם נפשו בכפו להצלת יהודים בתקופת השואה
QUI, AU PÉRIL DE sa VIE, a SAUVÉ DES JUIFS PENDANT
L'ÉPOQUE D'EXTERMINATION

נטע עץ בשדרת חסידי אומות העולם
a PLANTÉ UN ARBRE DANS L'ALLÉE DES JUSTES

LE ~~18~~ 19 mars 1968

ביום כ"א אדר תשכ"ח

בשם רשות הזיכרון יד ושם
POUR L'INSTITUT DU SOUVENIR YAD VASHEM

בשם הוועדה לציון חסידי אומות העולם
POUR LA COMMISSION DES JUSTES

ונתתי להם יד ושם אשר לא יכרת..... ישעיה נ"ו
"JE LEUR DONNERAI UN NOM ÉTERNEL, QUI NE PÉRIRA PAS" ISAÏE, 56

Urkunde für Eberhard Helmrich

Urkunde für Donata Helmrich

Dank

Ich danke allen, die bereit waren, mir ihre Erfahrungen und Erinnerungen in vielen und langen Gesprächen mitzuteilen. Mein besonderer Dank gilt Dr. Beate Kosmala und Dr. Claudia Schoppmann, damals Zentrum für Antisemitismusforschung, heute Mitarbeiterinnen der Gedenkstätte Stille Helden in Berlin. Ohne Eva und Harvey Samo jedoch, die viele Jahre hindurch Material über meine Eltern gesammelt und mich immer wieder zu meinem Vorhaben gedrängt und ermuntert haben, wäre diese Geschichte niemals geschrieben worden.

Quellen und Literatur

Ruth Andreas-Friedrich, Der Schattenmann. Tagebuchaufzeichnungen 1938–1945, Berlin 1947.

Margret Boveri, Tage des Überlebens. Berlin 1945, München 1968.

Wolf Gruner, Judenverfolgung in Berlin 1933–1945. Eine Chronologie der Behördenmaßnahmen in der Reichshauptstadt, 2. vollst. überarb. und stark erw. Aufl., Berlin 2009.

Wolf Gruner, Die Fabrik-Aktion und die Ereignisse in der Berliner Rosenstraße: Fakten und Fiktionen um den 27. Februar 1943, in: Jahrbuch für Antisemitismusforschung 11 (2002), S. 137–177.

Beate Kosmala/Claudia Schoppmann (Hrsg.), Solidarität und Hilfe für Juden während der NS-Zeit, Band 5: Überleben im Untergrund. Hilfe und Rettung für Juden in Deutschland 1941–1945, Berlin 2002.

Dieter Pohl, Nationalsozialistische Judenverfolgung in Ostgalizien 1941–1944. Organisation und Durchführung eines staatlichen Massenverbrechens, München 1997.

Dennis Riffel, Unbesungene Helden. Die Ehrungsinitiative des Berliner Senats 1958 bis 1966, Berlin 2007.

Thomas Sandkühler, „Endlösung" in Galizien. Der Judenmord in Ostpolen und die Rettungsinitiativen von Berthold Beitz 1941 bis 1944, Bonn 1996.

Joseph Walk, Das Sonderrecht für die Juden im NS-Staat. Eine Sammlung der gesetzlichen Maßnahmen und Richtlinien, Heidelberg 1981.

Yad Vashem, Department „Righteous Among the Nations".

Bundesarchiv Koblenz.

Landesarchiv Berlin, Akte „Unbesungene Helden".

Zentralarchiv der Ukraine.

Zentrum für Antisemitismusforschung, Technische Universität Berlin, Archiv.